EAMA（体験-アウェアネス-意味生成アプローチ）の理論と実際

カウンセラー、コーチ、キャリアコンサルタントのための

自己探究カウンセリング入門

Morotomi Yoshihiko
諸富 祥彦 著

誠信書房

はじめに

良質なカウンセリング、コーチング、キャリアコンサルティングはいずれも、実存的な「自己探究のプロセス」に主たる関心を注ぐ。実存的な自己探究とは、この一度きりの人生をいかにして十分に生き尽し、意味あるものとしてまっとうすることができるかを探究することである。本書はここに焦点を当てる。そして、「自己探究カウンセリング」の新たな手法であるＥＡＭＡ（「体験－アウェアネス－意味生成アプローチ」）の理論と方法を初めて公開する。

カウンセリングにも、コーチングにも、キャリアコンサルティングにも、さまざまな立場、さまざまな方法論、さまざまな考え方がある。しかし、それがほんものであれば、そこには「共通するもの」「普遍的なもの」がある。それは、一言で言えば「真の自己自身になる」ということである。「自己が真に歩むべき人生の道を歩んでいけるようになる」ということである。

私たちは、みずからの人生に与えられた暗黙の「導きの糸」を、あるときは手探りで探しながら、またあるときはぐいぐいと力強く手繰り寄せながら、「自分が真に歩むべき人生の道」を見出し歩んでいく。「真の自己自身になる」プロセスには、さまざまな側面がある。それは、ある面から言えば「さまざまな既知の思考パターンや他者の視線から解放され，自由になっていくプロセス」である。「仮りものの自分から解き放たれて，真に自分自身となっていくプロセス」である。それは別の面から言えば「自己の内面を深めるプロセス」であり，「自己を究めていくプロセス」である。それはまた，別の面から言えば「自分の人生を意味あるものとしてまっとうするプロセス」である。「残された時間でみずからの人生に与えられた使命・天命をまっとうするプロセス」である。

いずれにせよ，あなたが学んだり実践したりしているカウンセリングやコーチング，キャリアコンサルティングが「ほんもの志向」のものであれば，そこにはこうした「自己探究のプロセス」が見出されるはずである。

本書は，そんな「ほんもの志向」のカウンセラー，コーチ，キャリアコンサルタントなどの「プロフェッショナル」を目指しているあなたのために書かれた本である。どの方が読まれても，きっと何か，大きなヒントを得ることができるはずである。

本書で紹介する「自己探究カウンセリング」の手法は，ＥＡＭＡである。ＥＡＭＡは，筆者がここ数年来提唱している「人生の自己探究のプロセス」への新しいアプローチである。ロジャーズ（Rogers, C. R.）の「深い，ほんものの傾聴」をベースにした統合的アプローチである。この「体験－アウェアネス－意味生成アプローチ」（ＥＡＭＡ）の基本的な考え方と具体的な方法を本書で初めて公開する。

ＥＡＭＡは，「クライアントの内的な自己探究の旅をともにする対話的アプローチ」である。

ＥＡＭＡは個人セッション、グループセッション、二つの形を通しておこなわれる。個人セッションであれ、グループセッションであれ、ＥＡＭＡでは、カウンセラーはクライアントに「なる」。なりきって、一つになり、「クライアントのこころの世界」を「共に体験する」。共に体験し、体験し尽くす。それに徹する。なぜか。

人は一人では、自分の内側の体験を十分に体験することができないからである。ＥＡＭＡのカウンセラーは、人生という孤独な道の「同行者」となる。心の旅の「同行者」を得ることで、クライアントは一人では不可能な仕方で、より深く、自分の内側に入っていくことができるようになる。一人では不可能な仕方で、より十分に、自分の内的な体験を体験し尽すことができるようになる。

ＥＡＭＡの基本哲学は、次のようなものである。「私たちの内的な体験は、もっと十分に注意を払われたがっている。より十分に体験されたがっている。より十分に生きられたがっている。みずからの内的体験をより十分に体験し尽くすことで、人はその人生を真に生きることができる。心の底から納得し満ち足りた、喜びに満ちた人生を送ることができる」。すべての内的体験には、その人がこれから歩むべき人生の方向が暗に含まれ示されているからである。

人は、その内側でさまざまなことを体験している。内側の体験はそれ自体、その人自身に「もっと体験されたがっている」。しかし、人は一人では、なかなか自分の内側深くにしっかり入っていくことができない。内側の体験は半ば放置されたままになっている。私たちの内側の体験、私たちの内側で生じているさまざまなものは、私たち自身にいわば、ネグレクトされているような状態にある（内的なセルフネグレクト)。注意を払われず、体験されたがっているにもかかわらず、大切に体験されていない。それが、人のこころや人生の展開を妨げている。停滞させている。

EAMAでは、個人セッションであればカウンセラーが、グループセッションであれば他のメンバーもいっしょに、クライアントになりきって、「一つ」になる。「一つ」になって、こころの世界を「共に体験する」。クライアントの内的体験のエッセンスを、あたかもそれが今その場で起きているかのように、ありありと「現前化」し「映し出し」て、共に体験する。体験し尽くす。グループのメンバー一人一人がクライアントの「人生」という「作品」のいくつかのパーツになったかのような仕方で、グループ全体でクライアントの内的体験のエッセンスをありありと「現前化」し、「映し出す」。クライアントは自分の内側深くに入って、自分の体験しつつあったことをもっと十分に体験する。クライアントの内側ですでに生まれていた体験――しかし本人から十分な注意を払われることなく半ば放置されていた体験を、カウンセラーや他のメンバーと共に、より十分に体験する。より広く、より深く体験し、体験し尽くすのである。その際、とりわけ、体験のプロセスが一時的に止まるところで立ち現れる「体験のアンクリアなエッジ」に注意を払う。重要な変化、次のステップは、しばしばそこから生まれるからである。さまざまな心理技法を即時的に用いていく(諸技法の体験的用法)。

内的体験が十分に体験され、体験され尽くしたとき、体験のプロセスは前進的に展開し始める。次の展開が生まれ、その人は、停滞から解放され、向かうべき方向に向かっていけるようになる。「これが私だ！私の歩むべき人生の道だ！」と心から納得し、自分の人生の道を歩んでいけるようになる。「私が心のどていることを探し求めていたものはこれだったのだ」と気づく。「私は自分の人生を十分に生ききっている！」、そんな実感を持ちながら、日々を生きることができるようになる。

このようにして、ＥＡＭＡのカウンセラーは、人生という孤独な道を歩んでいるクライアントのこころの世界を「共に体験する」。そうすることで、クライアントの「こころの旅」「自己探究の旅」を共に歩む、「同行者」となる。

「同行者」と共にみずからの内的体験をより十分に体験し尽くすことができれば、クライアントは、そこから展開されるプロセスのなかで、これが「自分のほんとうに歩むべき人生の道だ！」という人生の道を見出していく。「真の自分自身の道」を見出していく。ＥＡＭＡは、「クライアントの内的な自己探究の旅」のプロセスを支え促進していく、対話的アプローチなのである。

ＥＡＭＡは、一人ひとりの人が「自分の人生を生ききる」のを手伝う。何歳になっても「夢」「目標」「野心」を持ち、積極的に生きるのを手伝う。自分の「使命・天命」を果たして、悔いなく、余すところなく、人生を生ききるのを手助けする。

ＥＡＭＡは、「素直なこころ」を持って、クライアントのこころの世界に没入する姿勢がある人であれば、体得可能である。特別な才能がある人でなくても（私のような凡人であっても）、トレーニング次第で、かなり深いセッションをおこなうことができる方法である。

ぜひ、いっしょに学んでいきましょう！

目次

第1章　あなたは、何のためにこの仕事をしているのか

■「真の自己自身になるプロセス」への関心

最初に、この問いを問うことから始めたい。

「あなたは今、仕事で、本当にしたいことができていますか。そもそも、何のために今のこの仕事をしているのですか。」

このことをまず、しばらく考えてみてほしい。

いかがだろうか。自分は本当にしたいことができている、とこころから思える人は、どれくらいいるだろうか。こころの底からイエス！　と言える人は、あまりいないのではないだろうか。

私はこれまで多くのカウンセラー、コーチ、キャリアコンサルタントの方とおつきあいしてきた。そこ

でわかったのは、カウンセラーも、コーチも、キャリアコンサルタントも、一人の人間が成長していくプロセス、「真実の自己となっていく人生のプロセス」に深い関心を持っている、ということである。けれども実際に日々の仕事のなかで、クライアントが「真実の自己となって生きていく人生のプロセス」にかかわっていると実感できている人は、あまりいないように思われた。

私がおこなってきた自己成長の心理学のワークショップ（体験型の研修会）にも、カウンセラーや心理の方のみならず、コーチ、キャリアコンサルタントの方にも多く参加していただいている。そこで交流してきてわかったのは、よりほんもの志向のカウンセラー、ほんもの志向のコーチ、ほんもの志向のキャリアコンサルタントであればあるほど、この志向性――「人間の自己探究・自己成長や、真実の自己になっていく人生のプロセスに、より多くの関心を向ける志向性」がある、ということであった。

ほんもの志向のカウンセラーであれば、クライアントの「問題の解決」や「症状の除去」だけではあきたらない。クライアントの人間としての成長、真の自己になっていく変化のプロセスに関心がある。

ほんもの志向のコーチであれば、クライアントの業績の向上だけではあきたらない。人間としての成長、真の自己になっていく変化のプロセスに関心がある。

ほんもの志向のキャリアコンサルタントであれば、クライアントの職業選択だけではあきたらない。そのことを通してのクライアントの人間としての成長、真の自己になっていく変化のプロセスに関心がある。

あるいは、本書の読者に学校の教師もいることを想定するならば、こうも言えるだろう。よりほんもの志向の教師であれば、生徒の学力の向上だけではあきたらない。人間としての成長、真の自己になっていく変化のプロセスに関心がある。

本書執筆の背景には、「形ばかりでない、ほんものの カウンセリング」がもっと増えてほしい。「形ばかりでない、ほんもののコーチング」がもっと増えてほしい。「形ばかりでない、ほんもののキャリアコンサルティング」がもっと増えてほしい。そんな願いがある。

私は、ほんもののカウンセリング、ほんもののコーチング、ほんもののキャリアコンサルティング、これらは究極的には「同じ、一つのもの」ではないか、と考えている。この三つは、もちろん異なる領域であり、異なる活動ではある。しかし、重なる面も多々あり、むしろその「重なる面」こそが「より本質的なもの」と言えるのではないか。私はそう考えている。「本質的なもの」とは、「真の自己自身」になる、「ほんとうの自分」になる、ということである。

カウンセリングにしろ、コーチングにしろ、キャリアコンサルティングにしろ、クライアントには、次のような「共通する思い」があるはずである。

「今の不確かな自分」を何とかしたい。今の自分のまま、このまま生きていってよいか、定かではない。確信が持てない。

私なりに、これまで一生懸命生きてきた。「だけど、私の人生、何だか薄っぺらに思える」「私には、中身がない。空《から》っぽ……」。このままでいいとは、思えない。

今の自分とは違った「もっと、ほんとうの自分」、今の人生とは違った「もっと、ほんとうの人生」があるような気がする。「もっと、ほんとうの仕事」や「もっと、ほんとうの結婚（恋愛）」がありそうな気がする。それを探していきたい。けれど、一人では心細くて不案内なので、信頼できる専門家に援助してほしい。そんな思いを抱いて相談に見えられる。

したがって、コーチングであれ、キャリアコンサルティングであれ、カウンセリングであれ、もしそのコーチングが「ほんもののコーチング」であるならば、もしそのキャリアコンサルティングが「ほんもののキャリアコンサルティング」であるならば、そしてもしそのカウンセリングが「ほんもののカウンセリング」であるならば、それらはいずれ、「一つの方向」に向かっていくものであるはずだ。私はそう思っている。つまり、コーチング、キャリアコンサルティング、カウンセリングのいずれも、それが本物であれば、同じ「一つの方向」に向かっていくはずである。

では、その「一つの方向」とは何か。それは次のような方向である。

- 「より充実した人生」へと向かう方向
- 「より自分らしく生きる」方向
- 「限られた人生を意味あるものとしてまっとうする」方向
- 「自己を究める」方向
- 「自分の人生に与えられた使命・天命にめざめる」方向

一言でいうならば、それは

- 「真に自分自身となって生きること」
- 「真の自己自身となること」

である。これが「よりほんとうの自分」だ、「よりほんとうの人生」だ、「よりほんとうの仕事」だ、と心から納得のいく答えを求める方向に向かっていくのである。

そして、「心から確かだと思える生き方」「心から納得のいく生き方」を探し求めていく際に中心となるキー・コンピテンシー（基礎能力）は、これである。

- 自分の内側と深くつながること。
- 自分の内側に響かせて、自分の生き方・考え方を「これでよいのか。ほんとうにしっくり、ぴったりくるのか」と絶えず問い確かめ続けること。

私たちは、みずからの人生に与えられた暗黙の「導きの糸」を、あるときは手探りで探しながら、あるときはぐいぐいと力強く手繰り寄せながら、「真に自分が歩むべき人生の道」を見出し歩んでいく。これから起こること、起こるべきことについての暗黙の予感、すなわち、みずからのインプライングを手がかりに、手探りしながら日々を生きていく。それがほんとうに自分の歩むべき道なのか、たえず内側に響かせ響かせし、確かめながら歩んでいく。

「内側に響かせる」ことなしで、ただ「考える」だけ、ただ「感じる」だけ、ただ「イメージする」だけでは、人間は、既知の思考パターンの反復のなかで堂々巡りを繰り返すだけである。生半可な勉強をした人に、そのような人が実に多い。

「今ある考え」を「自分の内側」に響かせてみたとき、そこに生じる「ん……」という「漠然とした違和感」。そこからのみ、そしてその「ずれ」「違和感」と「今ある考え」との照らし合わせ、両者の照合作業からのみ、新たな考えや生き方は生まれてくる（そしてこの新たな考え・生き方は、いずれ多くの人に共有され、社会を変えていくきっかけとなる）。この「ずれ」「違和感」こそがあらゆるカウンセリング、コーチング、キャリアコンサルティングのコア（中核）に据えられるべきものだ。

「よりほんとうの自分を生きる」という要素を中核に据えていないカウンセリングやコーチングやキャリアコンサルティングは、浅い次元をくるくると回転していくばかりである。「内的な深さ」を欠いたものにならざるをえない。

「よりほんとうの自分を生きる」ことを中核に据えていないコーチングとは、たとえば「成果ばかりを求めるコーチング」である。これを中核に据えていないキャリアコンサルティングとは、たとえば「職業選択の情報提供とアドバイスに終始するキャリアコンサルティング」である。これを中核に据えていないカウンセリングとは、たとえば「問題解決や症状の除去ばかりのカウンセリング」である。いずれも「本質を欠いた、形ばかりのもの」である。

ほんもののカウンセリング、コーチング、キャリアコンサルティングの中核は以下のはずである。

- その人自身が「真の自己自身となる」ことを目指す。
- 真の自己の探究（自己探究・自己探索→自己成長）を支える。

自己探究の結果、真の「幸福」がおのずと手に入ってくる。

クライアントの自己探究は、一つひとつのケースによって、どのような道のり、どのようなプロセスを経て、どのような真の成長、真の幸福を得ていくか、さまざまに異なる。その人に固有の道を歩み、その人なりの自己成長を経て、真の幸福を得ていくプロセスを、ここでは「自己探究のプロセス」と呼ぶ。すると、こう言うことができる。

ほんもののカウンセリング、コーチング、キャリアコンサルティング、これらが目指すところは、人間の自己探究（真の自己の探究）のプロセスを支えることである。

その具体的な実践方法のコアの部分を提示するのが、本書である。

第2章　対話的アプローチの原理
――「自己との深い対話」を促す「他者との対話」

■「自己探索、自己探究のための対話的アプローチ」

ほんもの志向のカウンセリング、コーチング、キャリアコンサルティングの共通点は、それがいずれも「自己探索、自己探究、自己成長のための対話的アプローチ」である、という点にある。良質のカウンセリング、良質のコーチング、良質のキャリアコンサルティング、それらの「共通する本質」は「深い、対話的アプローチ」であるという点にある。

カウンセラーとクライアントの「深い対話」、コーチとクライアントの「深い対話」、キャリアコンサルタントとクライアントの「深い対話」。その「深い対話」のなかで、クライアントの「自己探索、自己探究、自己成長のプロセス」が促進されていく。ここに、これら「対話的アプローチ」共通のエッセンスがある。

クライアントの「自己探索，自己探究，自己成長のプロセス」の促進は，クライアントの「自己との対話」の展開のなかでもたらされる。カウンセラーとの深い対話，コーチとの深い対話，キャリアコンサルタントとの深い対話に刺激され，活性化され，促進され，支えられるかたちで，クライアントの「自己との対話」は進んでいく。また，それに感応し響き合うかたちで，カウンセラー自身，コーチ自身，キャリアコンサルタント自身の「自己との対話」も深まり，展開されていく。

- クライアントの内側での「自己との対話」の深まり，展開。
- カウンセラー，コーチ，キャリアコンサルタント自身の内側での「自己との対話」の深まり，展開。

この両者が響き合うなかで，クライアントとカウンセラー（コーチ，キャリアコンサルタント）との間の「対話」も深められていく。両者の「つながり」はより深く，強固なものになっていく。

「対話」というと，二人の人間が正面に座し，見つめ合い，活発に言葉をやりとりしている場面を思い浮かべるかもしれない。多くの言葉があふれている，それが対話だと思われるかもしれない。

しかし，真の対話には多くの言葉は必要ない。多くの言葉をやりとりし，自分としては精いっぱい相手との「対話」をしたつもりでいるけれども，なんだか言葉が宙に浮いたままで，むなしい。言葉は空転し，からっぽな感じがする。相手と通じ合えた実感がちっともない。お互いに多くの言葉を発し，交流したはずなのに，あれはいったい何だったのだろう。そんな思いをしたことがある方は，少なくないだろう。

真の対話に不可欠なのは、「沈黙」である。二人の人間の間の深い真実の対話において、「沈黙」は不可欠である。人の内面において何かが「動く」とき、人は「沈黙」せざるをえない。「沈黙」と「孤独」なくして、「人と人との深い対話」は成立不可能である。

ハンナ・アレント（Arendt, H.）は遺稿集所収の論文「道徳哲学のいくつかの問題」のなかでこう言う。

> 「全ての思考のプロセスは、私が自分に起こるすべてのことについて、自らと共に対話する営みなのです。この沈黙のうちで自らと共にあるという存在のありかたを、私は孤独と呼びたいと思います。ですから孤独とは、一人であるその他の存在様態、とくにもっとも重要な孤立と孤絶とは異なるものです」
>
> （アレント／中山訳、2007）

沈黙のうちでみずからと共にある。自分に起こるすべてのことについて、みずからと共に対話する。これこそが「思考というプロセスの本質」である。

私たちが何か深くものを考えるとき、沈黙のなかで、みずからの内側に深く、深く、潜る。みずからの「内側の深いところ」に、①降りていき、②そことつながり、③そこにとどまる。④そこ「で」、⑤そこを「場所として」ものを考える。沈黙のうちに、そこから何かが出てくるのを強い集中力で待ち続ける。こうした「自己との深い対話」「沈黙における深い思考」を欠いては、他者との深い対話などありえない。

誰かと「深く対話ができた」と思えた場面を思い浮かべていただきたい。すると、すぐにわかるだろう。

そこには必ず「沈黙」が存在していたはずである。

人と人とが深く対話するとき、その中心を占めるのは「深くものを考える沈黙」である。そこでは「自己との深い対話」が不可欠である。これを欠いては「他者との深い対話」はありえない。このことを忘れると、表面的な空騒ぎの「会話」に流れていってしまう。ただのおしゃべりである。「表面上の活発さに頼った、見かけ倒しのやりとり」になってしまう。それは「真の対話」と呼ぶに値しない。忘れてはならない。

■「対話的精神療法」の流れからすべては生まれた

カウンセリングも、コーチングも、キャリアコンサルティングも、「深い対話」であることにその本質がある。カウンセラー（コーチ、コンサルタント）が、クライアントと深く対話する。そのなかでおのずと沈黙「……」が生まれ、クライアントの自己との対話が深まっていく。自分の内側深くに潜っていき、自己を探索していく。このような「二者間の真の対話」のなかで、クライアントの「自己との対話」は深まり、展開されていく。そのような「対話」であることにこそ、ほんもののカウンセリング、コーチング、キャリアコンサルティングの核心はある。

このような「対話的アプローチ」の源流は、「対話的精神療法」にあることは知っておいてもいいだろう。カウンセリングも、コーチングも、キャリアコンサルティングも、すべては「対話的精神療法」の流れのなかから生まれた。こうした大きな流れのなかで見ると、カウンセリング、コーチング、キャリアコンサルティングは「同類」であり、その差異は誤差程度のものでしかない。こうした大きな流れのなかで三者を見ることが重要である。少し回り道になるが、説明しておきたい。

対話的精神療法とは、フロイト（Freud, S.）、ユング（Jung, C. G.）らの取り組みからヨーロッパで生まれた「医師と患者の対話」によって癒しや変化が生じることに着目した実践である。フロイト、ユングらの「対話的精神療法」は、もとはと言えば、メスメル（Mesmer, F. A.）の電磁場療法、エネルギー・セラピィといった、今で言うヒーリングのようなものから生まれた。

●霊からエネルギーへ、そして無意識へ

エレンベルガー（Ellenberger, H. F.）は名著『無意識の発見』において、カウンセリング、心理療法の歴史を紐解き、その原点に「霊」を見出す。私たちの心身の不調の原因を「悪い霊が取りついたから」と考え、それを取り除こうとする悪魔祓いや霊媒による儀式が、心理療法の祖先である。

私たちの苦しみは、私たち自身が原因というより、私たちの外側にある「悪い霊が取りついたために生じた」ものと考えられていた。キリスト教のエクソシズム、悪魔祓い、日本の除霊、恐山のいたこや沖縄のユタ。これらが、私たちを苦しみから解放する役割を果たしていた。それは現在のカウンセリングのように、カウンセラーとクライアントの二人でおこなうものではなく、家族、親戚、地域の共同体とのつながりのなかでおこなわれていた。だからこそ、大きな意味を持っていた。現代で言う、コミュニティ・グ

ループアプローチである。

「悪魔祓い」「霊媒」的な治療はその後、「動物磁気」という生命エネルギーを用いる治療をおこなったメスメルにとって代わられた。生命エネルギーを用いた治療、というのは、今で言うと手かざしのようなもの、エネルギー・ヒーリングのことである。「霊気」などもこのエネルギーに着目したものである。

メスメルは、悪魔祓いのガスナー（Gassner, J. J.）について、「ガスナーは決してハッタリ屋ではなく、ただそれと知らずに動物磁気で患者たちを治していただけだ」と言う。つまり、メスメルは悪魔祓いの効果を認めていた。それればかりか、自分がおこなっている動物磁気による治療と同じ意味を持っていたと認めている。悪魔祓いのガスナーから動物磁気治療のメスメルへの移行の核心は、技法の変更にではなく、「神と悪魔という説明モデル」に「動物磁気という説明モデル」がとって代わったことにあるのである（東畑、2020）。

この「動物磁気」という説明モデルは、のちにピュイゼギュール（Marquis de Puysegur）、ブレイド（Braid, J.）らの催眠術師によって、「暗示効果」という心理現象に置き換えられた。そしてさらにフロイトにおいて催眠療法から精神分析への展開を見た。

東畑（2020）は、精神現象と物理現象を切断しない現代の代表的な治療家として、基本的には精神分析に立ちながらも「Oリングテスト」「泉の気功」などをおこなう神田橋條治を挙げている。神田橋は、視覚としては確認不可能、つまり見ることはできないものの実体として存在している「気の流れ」の存在を前提とした治療をおこなっている。東畑（2020）は現代の心理療法を「心の臨床」と呼んだうえで、「臨床心理学は複数であるべきだ。私たちの生きる大きな社会には、複数の小さな社会がある。さまざまな境遇があり、さまざまな人生がある。「霊の臨床」で助かる人もいれば、「気の臨床」で助かる人もいる。そして、「心の臨床」でなければ、納得がいかない人もいる」と言う。

カウンセリング、コーチング、キャリアコンサルティングといった「対話的アプローチ」は、「心の臨床」の現代バージョンである。ここではその起源が悪魔祓いや生命エネルギー療法にあり、それはひと続きの関係にあることを確認するにとどめよう。いずれにせよ、こうして悪魔祓い、除霊、エネルギー療法、電磁場セラピィといったものから、「怪しい要素」を取り除いて〈東畑〈2020〉はこれを「引き算」と表現する〉いったものが、フロイトの精神分析の誕生につながったのである。

●合理主義・科学主義と神秘主義・ロマン主義との対峙のプロセスが、カウンセリング・心理療法など「対話的アプローチ」の発展につながった

悪魔祓い、除霊、エネルギー療法、電磁場セラピィといったものから「怪しい要素」を取り除いていき脱神秘化・科学化・合理化する流れで生まれたものが、フロイトの精神分析であった。しかし、対話的アプローチの流れは、必ずしも「科学化」「脱神秘化」の一方向に進むものではなかった。流れはしばしば反転し、科学化・脱神秘化の流れのなかで削ぎ落された全体性・豊かさを取り戻していった。

「合理主義化・科学化」の動きに対して、つねに同時に存在したのが「再神秘主義化・再浪漫主義化の動き」である。一方の「合理主義化・科学化」の方向性、もう一方の「浪漫主義化・神秘主義化・人間主

義化」の方向性、この二つの動きの対峙のプロセスのなかで心理療法は発展していった。

では、フロイトの精神分析に対抗して神秘主義化する動きのなかで生まれたものは何か。ユングである。悪魔祓い、エネルギー療法、電磁場セラピィから「怪しい要素」を取り除いて生まれたフロイトの精神分析に対して、全体性を復活させる仕方でユングが誕生したのである。

合理主義者フロイト、そしてそのアンチとしての神秘主義者ユング。この二人の対峙と「同形の対立・対峙」は心理学の周辺で幾度となく繰り返されてきた。一九五〇年代におこなわれた行動主義者スキナー(Skinner, B. F.)とロジャーズの四回にわたる対談・対決も、二十世紀半ばのアメリカにおける、同形の歴史的サイクルの一環である。

●ロジャーズとスキナーの対峙

ロジャーズとスキナーの初めての対談は、一九五六年九月、アメリカ心理学会大会のシンポジウムでおこなわれた。テーマは「行動のコントロールに関する諸問題」であった。人間性心理学と行動主義心理学の背景にある哲学の相違が明確になった。おとなしいイメージのあるロジャーズであるが、彼は大学時代、弁論部に所属していた。議論は白熱した。ロジャーズは、自分とスキナーには哲学的な見解は真逆であるけれども、「似ているところ」がある、と言う。「二人とも論理的にギリギリまで突き進めていく。彼はとても正直だった」。人間として好印象を抱いていたのである。

論争の記録は *Science* 誌に掲載され、かなり多くの波紋を呼んだ。対談記録を収めた本『人間の行動の統制に関するいくつかの問題』(*Some Issues Concerning the Control of Human Behavior*)は、心理学の世界で最も版を重ねた書籍の一つと言われている。(Rogers & Russell, 2002)。

二人の議論は回を重ねても陳腐化せず、白熱し続けた。手の合う相手との名勝負であった。

一九六二年にはミネソタ大学で、二日間、全九時間にわたって五百人以上の聴衆の前で、さまざまなテーマについて白熱した討論をおこなった。討論の最中、ロジャーズはスキナーに語りかけた。「私は九〇%は同意しています。あなたが人間について語ることすべての九〇%にです。あなたが人間について外側から語っていても、です。しかし、見逃せないのです。あなたが人間を内側から理解しようとしないことを」(チューダー・メリー/小林他訳、2008)。

九時間にわたる対談はすべて録音されており、最初それを公刊する約束になっていたにもかかわらず、スキナーが公刊を拒否した。何年も後に、そのことを書いた論文と手紙を送ったら、公開してもよいという返事が返ってきた。しかしもう新鮮さは失われていた(Rogers & Russell, 2002)。現在は『カール・ロジャーズ　対談集』(Kirschenbaum & Henderson, 1990)に収録されている。

●「内側から」相手を理解しようとする「対話的方法」の、一つの頂点としてのロジャーズ

ロジャーズとスキナーの対談に端的に示されるように、科学主義化と人間主義化の対峙とは、つまるところ、人間を「内側から」理解する姿勢と、「外側から」理解する姿勢との対峙である。

さまざまな曖昧な要素を捨象した「外側」からの理解において成立する一方の科学主義・合理主義と、

曖昧さを取り入れ，「内側」からの人間理解に迫り，全体性を回復しようとする人間主義や浪漫主義や神秘主義。より科学的であろう，エビデンス至上であろうという志向と，より全体的であろう，人間的であろうとする志向。両者はつねに対立しながら，新たな学問や実践の発展へとつながっていった。それが現在の，エビデンス志向の認知行動療法と，精神分析やユングやロジャーズなどの「曖昧さを大切にする」セラピィへとつながっていく。

私見では，その流れのなかで生まれた「内側から」相手を理解しようとする「対話的方法」の「一つの頂点」が，ロジャーズの「カウンセリング」である。「合理主義」と「ロマン主義」の対立・対決の，大いなる循環連鎖のなかで生み出された「対話的方法」の一つのピークが，ロジャーズの「クライアント中心療法」である。意味のある変化につながる，豊かな対話的方法に共通の「普遍性」に触れえた，という意味で，一つの「頂点」である。

二人の人間の真実の対話のなかで「自己との対話」が深まる。ロジャーズ流に言えば「内臓感覚知」を探索する。自分自身との対話が深まっていく。内側の「まだ言葉にならないけれども語られたがっている何か」「暗黙の何か」に意識を向け，それをなんとか言葉にしていくプロセス。「うーん」「うーん，何と言ったらいいのか……」。そのなかで，腑に落ちる言葉やイメージが見つかると，自分のこれから進むべき道が見えてくる。「あぁ，こんなふうに生きてみればいいのか」。より確かな自分，「これが私だ」という自分，自分という存在のコア・エッセンス（核心）に近づいていく。

このような「自己との対話」の深まりはいかにもたらされるか。それは，カウンセラーという他者との

「深い対話」においてである。ロジャーズの言う「一致」とは、カウンセラーが自分自身の内側にある、みずからの存在のコア・エッセンスとしっかりつながっている、そういう在り方ができている、ということである。そうした在り方のなかで「共感」し「受容」していくと、次のような意識になっていく。

カウンセラーが自分を消して、相手の内側に、すっかり自分を没入させる。相手そのものになりきる。相手になりきった意識状態で、相手の内側から、内面世界を体感的に理解する。そうした意識状態のなかでふと出てくる言葉やイメージを相手に伝える。その言葉やイメージが相手の内側で響き、新たな何かが生まれる。これはきわめて高度な「対話」である。

自己の存在のコアとつながったカウンセラーが、いったん自分を消して、相手の内側の世界にすっかり没入する。相手になりきる。そうすることで、クライアントの存在のコアとつながっていく。きわめて純度の高い「対話」である。だからこそクライアントは、自分という存在の「コア」に、一気に、ググーッと近づいていくことができる。

カウンセラーはいったん自分を「消す」ことで、相手の「コア」と深くつながることができる。コネクトできる。そうすることではじめて、自分の「コア」と相手の「コア」が深くコネクトしつながりあう。ここで起きるのはそうした逆説的な仕方での、エッセンシャル・レベルでの「深い対話」である。深いセラピィ的方法に独特の種類の「対話」である、と言ってよいだろう。

●オープンダイアローグ

今、医療の現場を大きく変えようとしている「対話」がある。オープンダイアローグである。オープンダイアローグの登場は、精神医学にとっては大きな衝撃であった。それはまさに、医師の持つパワー、権威を、患者に譲り渡そうとする営みだからである。医師にとっては相当に脅威に感じられても仕方ない。日本にオープンダイアローグを紹介した斎藤は言う。

精神医学にとって「オープンダイアローグ」は「黒船」と言われている。もし公表されているエビデンスが事実なら、これまで心理療法では到底太刀打ちできないとされていた難攻不落の牙城である統合失調症が、対話の力で改善・寛解することが実証されてしまったためである。臨床経験を積んだ精神科医にとっては、まさに驚天動地といってもよい衝撃であり、生物学的立場を信奉してきた医師にとっては、価値観が根こそぎになるような打撃であったとしてもおかしくはない。そうした意味での「黒船」である。

（斉藤、2019）

また、主要な技法であるリフレクティング・トークについて次のように言う。

リフレクティング・トークは……（中略）……クライントや家族の訴えを聞き、当事者の目の前で専門家同士が意見交換をし、それに対してクライアントや家族が感想を述べる。ごく簡単に言えば、この過程を繰り返すことがODにおけるリフレクティングである。……（中略）……リフレクティングではまず本人が苦しんでいることに共感を示したり、努力していることを評価したりする。このとき治療者は、自らのうちに沸き起こる感情を表出して構わないし、個人的な事情を開示することもむしろすすめられている。たとえば「今の話を聞いていて、私も胸が苦しいような気がしました」「私にも認知症の母親がいますから、あなたのたいへんさはわかる気がします」などのように。「この治療法はどうか」「こんな対応をしてみては」といった具体的な提案やアドバイスもこの場でなされる。

さまざまなアイディアの断片を「お盆に載せる」という表現がよく用いられる。個人精神療法におけるアドバイスは、しばしば専門家による押し付けになりやすい。リフレクティングではクライアントに専門家同士のやりとりを観察してもらい、そこで出されたアイディアのなかから気に入ったものを選ぶ自由がある。治療者の対話を聞きながら、クライアント側がさまざまなことを考え、新たに対話に向き合うための時間となること。その過程を通じて、対話はさらに広がり、深まっていくのである。

（斎藤、2019）

このようにオープンダイアローグでは、クライアントや家族についての治療チームの話し合いを本人たちの目の前でおこなう。この話し合いを、クライアントや家族は「観察」する。つまりクライアントは「観察する立場」と「観察される立場」の両方を経験する。そうした経験を通して、クライアントは自分を見つめるのである。

ロジャーズをその片腕として支えたリチャード・ファーソン（Farson, R.）は、ロジャーズを「静かなる革命家（The quiet revolutionary）」と呼んでいる。それは、ロジャーズが人間関係のパワー（権力）の問題について大転換をおこなったからである。ロジャーズは、心理療法やカウンセリング、教育、福祉、結婚、親子、夫婦……ありとあらゆる場面で、一人ひとりが持つ潜在的な力を最大限に発揮できるように、お互いのパワー（権力）を平等に認める関係をあらゆる場で実現しようとした。

ファーソンは「静かな革命家 カール・ロジャーズ」（Farson, 1974）において、「人間は自分の生活の方向を決めることができるものだし、またそのようにすべきである」という一貫したテーマのもと、企業、教育、医学、教会、福祉といった多くの領域において、権威への盲目的従順を打破し、「参画」という方向での変革の基礎づくりをした「現代の重要な社会革命家の一人」として、ロジャーズを描いている。その功績を評価されて、ロジャーズは死の直前にノーベル平和章にもノミネートされた。

オープンダイアローグは、ロジャーズが言う「参画」という方向での変革と軌を一にするものと言ってよい。それは、医師と患者の「関係」を革命的に変化させることで、治療実績を上げている。オープンダイアローグは、今精神医学の分野で展開されている「静かなる革命」の一つなのである。

相手を「変化させよう」とせず、「対話を深める」こと自体を目的とする。この点も、ロジャーズの方法とオープンダイアローグの共通点である。

ＯＤにおける対話実践では、「治療」は目的ではなく副産物として起こる。ここにはひとつの逆説がある。対話はそれ自体が自己目的化できるが、治療にはそれができない。ベテランの精神療法家がしばしば「治そうとしすぎるな」と述べるのは、故なきことではない。治療が自己目的化することで、功名心や意地といった治療者の自己愛的な要素が入り込み、治療を阻害するためである。

（斎藤、2019）

■対話的方法の大きな流れのなかにみずからの仕事を位置づける

対話的精神療法、対話的セラピィには、これまで見てきたような大きな流れがある。こうした大きな流れにおける「対話的方法」の一つの「ピーク」に「カウンセリング」があり、そのさらなる展開としてコーチングもキャリアコンサルティングも位置づけられる。こうした大きな流れのなかで自分の仕事を理解しておかないと、カウンセラーも、コーチも、キャリアコンサルタントも、自分がやっている仕事が歴史のなかでどう位置づけられるか見えなくなってしまう。

「対話的アプローチ」には、それが良質なものであれば次のような共通の要素がある。「自己との対話」が深まる。そのなかで、ロジャーズの言う「内臓感覚知」を探索する。内側の「まだ言葉にならないけれども語られたがっているもの」「暗黙の何か」に意識を向け、それを何とか言葉にしていく。よりぴったりな言葉やイメージが見つかると、自分の進むべき方向が見えてくる。

こうした「自己との対話」の深まりが、カウンセラー、コーチ、キャリアコンサルタントとの「二人の深い対話」によってもたらされる。「二人の深い対話」の深まりにおいて、クライアントの「自己との対話」がさらに深まっていく。より深い自己探索、自己探究がなされていく。クライアントとカウンセラー双方の、各々の「自己との対話」の深まりが「二人の深い対話」をさらに深めていく。

「自己との対話」の深まりと「他者との対話」の深まりのこうした相互促進的な循環のなかで、それぞれが、自分の内側の潜在的な体験、まだ言葉にならない暗黙の体験をより十分に体験する。体験し尽くし、展開し尽くす。そのなかで、「あぁ、こうすればいいんだ」「私ってこうなんだ」という気づき、意味が生まれる。十分に体験することからアウェアネスが生まれ、意味が生成される。

こうした「体験‐アウェアネス‐意味」生成の瞬間が、実存的、自己探究的なほんものの「対話的アプローチ」に共通の瞬間である。そしてそれは、良質なカウンセリング、コーチング、キャリアコンサルティングに共通の「最も重要な瞬間」でもある。

「自己との深い対話」と「他者との深い対話」の相互促進的な循環。そこから生まれる「体験‐アウェアネス‐意味生成」の瞬間。これが、ほんものの志向、自己探究志向のカウンセリング、コーチング、キャリアコンサルティングといった「対話的アプローチ」の核をなすものである。

本書は、この核をなす部分（コアの部分）に焦点を当て、取り出し、それを再現可能なかたちで具体化することを目指したものである。

第3章　自己探究カウンセリングの原理

■自己探究カウンセリングの大原則
――「体験をより十分に体験すること。体験し尽くすこと」

筆者は、これまでカウンセリングを約四十年間学んできた。十七歳のときから五十八歳に至る現在まで、である。この四十年間のカウンセリング学習体験、カウンセリングの実践体験をもとに、自分なりのアプローチを探索してきた。

四十年経った今、わかったことがある。私が自分の実践の足場としている考えは、つまるところ、ロジャーズ（Rogers, C. R.）の以下の考えに尽きる、ということである。

ロジャーズは一九六一年、ロジャーズが五十九歳のときに刊行された彼の主著 *On becoming a person*（邦訳『ロジャーズが語る自己実現の道』）に、ほぼ同じテーマについて書かれた五つの論文を収めている。その五つの論文のなかで最初に置かれたのが、「第5章　心理療法におけるいくつかの確かな方向性」

（一九五三年）である。ロジャーズ五十一歳。臨床家としても，研究者としても，おそらく全盛期にあったロジャーズが書いた論文である。この章の最初のあたりに，カウンセリングなどの対話的アプローチのエッセンスが端的に示された箇所がある。その段落の小見出しは，「潜在的な自己（potential self）を体験する」である。

カウンセリングや心理療法がうまくいっているときに，多くのクライアントが体験する「共通の体験」とは何か，その「たしかな方向性」とはどのようなものか，端的に示されている。ロジャーズのあらゆる論文のなかでも，セラピィの本質をズバッと突いた，重要な箇所のように思われる。以下に引用する。

●潜在的な自己（potential self）を体験する

すべてのケースにはっきりと現れる心理療法の一つの側面は，体験のアウェアネス（awareness of experiennce）とか，「体験を体験すること（the experiencing of experience）」と呼びうるものであろう。

私はここでそのことを指すために，自己を体験すること，という表現を用いたが，これもまた正確な用語というには不十分である。クライアント中心のセラピストとの関係の安全性においては，自己に対するいかなる現実的な脅威も暗黙の脅威も存在しない。そうした関係においてクライアントは，自分自身の体験のいろいろな側面を、実際に自分に感じられるままに、五感の器官や内臓感覚的な装置（sensory and visceral equipment）を通して感じられるままに、今の自己概念に合わせるために歪曲することなく、吟味していくことができる。（Rogers, 1953）

また、同じ論文の別の箇所では、次のように言っている。

心理療法とは、五感と内臓感覚的な体験に立ち返ることを意味している。それは、もし私たちが全動物の特徴である五感と内臓感覚での体験に、ただ人間という動物のみが十分になしうる自由でゆがみのない意識という贈り物を与えることができるならば、私たちはそこで、美しく建設的で現実的な生命体になることができる、という発見である。（Rogers, 1953）

ここに、ロジャーズの見るカウンセリングや心理療法の本質が端的に示されている。カウンセリング、心理療法とは、アウェアネスをもって自分の内的な体験を十分に体験する、ということである。アウェアネスを伴って、「五感と内臓感覚的な体験に立ち返る」ということである。そのことに何の脅威もなく、不安もなく、安心して取り組めること。それがカウンセリング、心理療法の本質である。

カウンセリングや心理療法の役割は、クライアントの体験に、外から何かを加えることではない。クライアントのなかになかった何かを、新たに加えることではない。そうではなくて、カウンセリングや心理療法の目的は、クライアントがすでに潜在的に体験していること、まだ明確な気づきには至っていなくても、暗黙のうちに体験しつつあるみずからの体験を、より十分に体験し尽くすことである。より深く、より広く、みずからの体験をより十分に体験し尽くすことである。体験は体験され尽すと、そこから新たな展開が生まれる。「すべての体験はそのうちに、さらなる前進的展開を暗に含み暗に示している」(Gendlin, 1996) のである。新たな気づき（アウェアネス）につながり、意味が生成されてくる。

ロジャーズの先の言葉は、カウンセリングや心理療法のこの核心をズバリと摑んでいる。今もまったく古びていない。この仕事をしている人間が、もう一度立ち返るべき「原点」が先の言葉に示されている。

■人間の自己探究のプロセスにおいて「同行者」（カウンセラー、コーチ、キャリアコンサルタント）が必要な意味

人は一人では、自分の内側の体験を十分に体験することができない。人は、その内側でさまざまなことを体験している。人の内側では、さまざまなことが起きている。その体験はその人自身に「もっと体験されたがっている」。しかし、人は一人では、なかなか自分の内側深くにしっかりと入っていくことはできない。それが、人のこころや人生の展開を妨げている。停滞させている。

EAMAでは、個人セッションであればカウンセラーが、グループセッションであれば他のメンバーもいっしょに、クライアントになりきって、一つとなり、そのこころの世界を「共に体験する」。個人セッ

ションであればカウンセラーが、グループセッションであればグループ全体で、クライアントの内的体験のエッセンスを、あたかも今、それがその場で起きているかのようにありありと「現前化」して「映し出す」。すると、クライアントは自分の内側深くに入っていき、自分の体験しつつあったことをもっと十分に体験するようになる。その不明瞭な辺縁、エッジに至るまで、より広く、より深く、十分に体験する。内的体験が自身によって十分に体験され、体験され尽くしたとき、体験のプロセスは前進的に展開する。すると、次の展開が生まれてくる。人生が一歩前に、進む。その人は、向かうべき方向に向かっていけるようになる。停滞から解放され、自分が人生で歩むべきほんとうの道を歩んでいけるようになる。

「これが私だ！　私の歩むべき人生の道だ！」「私が心のどこかで暗にずっと求めていたもの、探していたものは、これだ、これだったのだ」と心から納得し、自分の人生の道を歩んでいけるようになる。「私は自分自身の人生を十分に生ききっている！」――そんな実感を持ちながら日々を生きることができるようになる。このプロセスにこそ、カウンセリング、コーチング、キャリアコンサルティングの核心がある。筆者は、そう思っている。

自分の内的な体験を十分に体験する。クライアントは、一人ではなかなか十分に探索し体験し尽くせないみずからの内的な体験を、より深く、より広く、さまざまな視点から十分に体験する。体験し尽くす。これができるように援助するのが、良質のカウンセラーやセラピストがおこなっていることである。コーチングやキャリアコンサルティングも同様であろう。もちろん、筆者自身もそれを目指している。

■自己探究カウンセリングの原理

自己探究カウンセリングとは、個人の自己探究を支え、それを促進する（ファシリテートする）カウンセリングのことである。それは、さまざまなカウンセリングが、真にカウンセリングと呼ぶにふさわしい内容のものである場合に、そのすべてに共通しているコア（核となるもの）である。

あらゆる立場、あらゆるアプローチのカウンセリングは、それが真にカウンセリングという名に値するものであるならば、そのコアとして「自己探究の促進」を含んでいる。そのコアとなるものを言わば抽出したものが「自己探究カウンセリング」である。それは、個人の自己探索、自己探究、自己成長に寄与する真のコーチング、真のキャリアコンサルティングに共通し、そのコア（中核部分）をなしている。したがって、「自己探究カウンセリング」を学ぶことは、個々人の真の自己成長を促進する方法を体得することに通じる。

カウンセリング、コーチング、キャリアコンサルティングをおこなっている人が「自己探究カウンセリング」を学ぶならば、それぞれの実践をより深まりのあるものにできる。「真の自己自身への成長」を深めていく、しっかりとした「核心（コア）」のあるものにすることができる。

■自己探究のプロセスを支えることが、共通の「核心（コア・エッセンス）」

カウンセリング、コーチング、キャリアコンサルティングを求めてくるクライアントの抱えている問題やニーズはさまざまである。目的もさまざまである。

しかし、そうしたさまざまな目的、訴え、ニーズの背景には、一つの、より深い根源的な欲求と言うべきものが存在している。本人が気づいているか否か、それと自覚しているか否かは別にして、より深い、根本的なニーズがある。

それは、「真の自分自身になりたい」というニーズである。「真の自己となって生きたい」という魂の訴え、である。「自己探究の願い」と言ってもいい。いずれにせよ、そうした根源的なニーズが、クライアントの深いところにはあるように思われる。「自己探究・自己成長への根源的欲求」とでも言うべきものである。それが、さまざまな悩みの随所に顔を出す。この「自己探究のプロセス」を支え、それを促進（ファシリテート）することが、カウンセリング、コーチング、キャリアコンサルティングに共通する核心部分、コアとなるもののエッセンスであろう。

自分を見つめ、自分の生き方を点検していく。自分の内側を見つめ、内側に響かせて、「私の生き方はこれでいいのか」「私はこのまま生きていって、それでいいのか」問い確かめていく。

自分の内側を見つめる。世界からの問いを感受する。人はそれを通して、みずからの人生に与えられた暗黙の「導きの糸」を、あるときは手探りで探しながら、またあるときはぐいぐいと力強く手繰り寄せながら、「自分自身の人生の道」を見出していく。これでよいのか、ほんとうにこの道なのか、たえず自問自答しながら、「自分の人生のほんとうの道」を一歩一歩踏み確かめながら歩んでいく。

「私は、このことをなすために生まれてきたのだ」
「私は、この人生を生きることになっていたのだ。それが私の運命であり、使命であったのだ」
「私は今、こころの底から満たされている。今、死んでも、何の悔いもない」

こころからそう思える「魂の満たされた生き方」を探していく。

ユングも言うように、人生前半の課題は、社会的な自己の確立に励むことである。周囲の期待に応えつつ、揺るがない自己を確立していく。

しかし、四十代半ば以降、多くの人は人生の後半（人生の午後）において、内面的な自己の探索へと舵を切り変える。「せっかくこの世に生まれてきて……やるべきことはやり終えた。もう、やり残したことは何もない」、そう思えるように生きていきたいと願うようになる。「私は、自分の人生に与えられた使命、天命（私の言葉で言えば、〈魂のミッション〉）を果たし終えた。まっとうした。もうやり残したことは何もない」。そう思えるように、人生の後半を心おきなく生きていきたい。そう願うようになるのである。またそのように生きてこそ、ユングが「下降しながらの上昇」と呼ぶ、そんな精神の在り様も体得可能になるのである。

ユングが自己実現のことを「個性化」と言ったように、五十代以降になると、残された時間で「自分にしかできないこと」をしておきたい、という気持ちが強くなる。人と自分を比較する意識は希薄になる。地位や名誉への執着も希薄になる。「自分にしかできないことしか、したくない」「他の人でもできることは他の人に任せたい」と思うようになるのが、成熟した中高年の心情である（もちろん、未熟な中高年は何歳になっても人と自分を比較し、地位や名誉に執着する）。

こうしたライフロングな、生涯をかけた「自己探究のプロセス」「自己成熟のプロセス」をその人の「人生の同行者」となって支えていく、それが、カウンセリング、コーチング、キャリアコンサルティングが共通して目指すところであろう。

カウンセリング、コーチング、キャリアコンサルティングが真に目指すところのもの、その共通の「核」となるものは、以下である。

- 真の自己自身となること。
- 自分の内側に響かせつつ、ほんとうにぴったり、しっくりくる、自分らしい生き方を探索し実現すること。
- ほんとうの自分自身になること。
- 真の自己自身を究めていくこと（自己探究）。

これらを欠いては、どんなカウンセリングも真の意味でカウンセリングとは言えない。どんなコーチングも真のコーチングとは言えない。また、これを欠いては、どんなキャリアコンサルティングも真のキャリアコンサルティングとは言えない。

あらゆるカウンセリング、コーチング、キャリアコンサルティングにとって「不可欠で、かつ、もっとも大切なもの」。その「何か」が、「真の自己自身となる」ことなのである。なぜならば、人間は、自分が「真に自分自身となって生きている」と感じることができるときにのみ、もっとも深い満足感、幸福感を得ることができるからである。

■一時的な自己退却――真の自己自身になるために必要なもの

カウンセリングにしろ、コーチングにしろ、キャリアコンサルティングにしろ、そこを訪れる人は多かれ少なかれ、「自分が見えなく」なっている人である。「今の自分が見えない。これからの自分が見えない」「今の自分はほんとうの自分ではない。今の自分は、なんだか違う」。そうした「違和感」を自分自身について抱いている人である。そうした人が、真の自己自身となっていくために、何が必要なのか。どうした内的な作業をおこなう必要があるのか。

それは、「いったん、外界に対して自分を閉ざして、内側に潜る」という作業である。自分をいったん、閉ざす。内閉する。自然な生の流れから、いったん降りる。離脱する。そこで内側深くに潜る。意識を

「内側の深いところ」に向ける。「内側の深いところ」とつながり、そこに降りる。そこで、そこを場所として、ものを考える。思考が行き止まる辺縁において、言葉にならない、形にならない「何か」に触れ続けて、それが浮かび上がるのを待つ。そうした「自己沈潜の時間」をしばらく過ごしたあとに、自分を再び開く。他者に届くかたちにしていくのである。

この「一時的な自己退却↓集中した内省」「外界に対して一時的に自分を閉ざして、集中的に内面を見る。内側に響かせる」という一連の作業が、自己探究カウンセリングの本質的な部分である。

このことは、なにゆえカウンセリングやセラピィが、「外界と切り離された密室」でおこなわれなくてはならないかを示している。

人は外界と接触しているうちは変化できない。深く変わることはできない。それは、一つには、世間という名の外界とつながっているうちは、「承認欲求」や「自尊欲求」、つまり人から認められたいという気持ちやプライドから自由になれないからである。また一つには、世間とつながっている間は、ハイデガー(Heidegger, M.)の言う「世界から自己を了解する傾向」から自分を解き放つことができないからである。慣れ親しんだ既知の思考パターンがぐるぐる回るばかりの「思考の自動機械状態」から、自分を解き放つことができない。

外界から離れた「密室」に身を置くことで、人はみずからの内面で「世間という名の外界」から身を解き放つ。承認欲求から自由になり、「思考の自動機械状態」を停止させる準備状態が整う。そうした環境が整った密室の中で、人はみずからの内面にようやく入っていくことができる。

つまり、ごく大まかに言えば、変化のための次のような一連のプロセスがある。

① 自然な人生の流れから、いったん降りる。離脱する。
② 外界から切り離された密室の中で、承認欲求や自尊欲求、既知の思考パターンから自由になるための、準備を整える（水平的直接性の一時的切断）。
③ 内面に意識集中し、深く深く入っていく（深さの次元という垂直性の獲得）。
④ 内側で「新たに立ち上がってきているもの」に意識を向け、アウェアする。意味が到来する。
⑤ 外界とのつながりを取り戻し、「新たに変容した自己」として生きていく。

■「内面への意識集中の保持」が、カウンセラー、コーチ、キャリアコンサルタントの最大の務め

自分の内側に潜って意識を内側に向け続けるという作業は、かなりの集中力を必要とする。かなり疲弊する、根気のいることである。一人でおこなうのは、なかなか難しい。

そこで、カウンセラーやコーチ、キャリアコンサルタントの存在が必要になる。カウンセラーやコーチ、キャリアコンサルタントの存在の最大の意味はここにある。それは、クライアントが、みずからの内面を見つめていくための、内面への意識集中の保持。この「内面への意識集中の保持」のサポートこそ、

カウンセラーやコーチ、キャリアコンサルタントの最大の存在理由である。

■自己探究カウンセリングの本質は、内的に「一人」になれる共感的関係という逆説的関係を提供することにある

カウンセリング、コーチング、キャリアコンサルティングの核にある「自己探究カウンセリング」。その本質的な体験は、「その関係があってはじめて内的に『一人』になることができ、内面的自己探索に集中していくことができる。そうした共感的関係」を提供することにある。

こう言われると、不可思議に思われる方もいるであろう。カウンセリングも、コーチングも、キャリアコンサルティングも、「援助的人間関係」を提供するものである。それはたしかにそうで、「人間関係」を提供することにこれらの活動の意義はある。しかし、これらの活動の特殊性は、「提供する人間関係の質の独自性」にある。その「人間関係」の提供において「内的に一人になる」ことができるような、自らの内面への意識集中体験をもたらしうることにある。

一般には、関係性を提供すると、「相手」に意識が向くだろう。あるいは、「相手との関係」に意識が向いていくだろう。しかし、カウンセリングでは共感的理解によって、クライアントがカウンセラーのことは気にせず自分の内面に意識を集中するような体験がもたらされる。コーチングにおいては質問によって、コーチのことは気にせずに自分の内面に意識を集中するような体験がもたらされる。キャリアコンサ

ルティングにおいても同様であろう。

いずれにせよ、援助的な関係の提供は、みずからの内面への集中をもたらす。この点においてそれらは共通している。これらは言わば、援助的関係の提供において、みずからの内面への意識集中という「一人体験」をもたらす、という逆説的な関係性なのである。

■「変化の瞬間」をもたらす鍵概念

このことは、カウンセリングやコーチング、キャリアコンサルティングにおいて、きわめて本質的な意味を持っている。クライアントの多くは、自分を見失っている。あるいは、自分がよく見えなくなっている。これから自分がどの方向に進めばいいのか、確かめることが必要になっている。そのなかで、援助的関係を求めてやってくる。今の自分にも満足しているが、「さらなる自分」「より最高の自分」を求めて来られる方もいる。

一人で考えていては、なかなかそこから先に進めない。すでにある既知の思考パターンがぐるぐる回るだけ。新しい「何か」がやってこない。これではまずい。埒《らち》が明かない。そう思って打開策を求めてやってくるのだ。そのとき、何ができるのか。

クライアントに、「自分の内側のより深いところ」（ロジャーズの言うインナー・デプス〈inner depth〉）に触れてもらうことだ。

クライアントの求めている答えはどこにあるのか。クライアントのなかに、ある。それはそうなのだが、では、どこに?

クライアントが、自分一人ではなかなか触れることができない「内側のより深いところ(インナー・デプス)」に、である。クライアントが、自分一人ではなかなか触れることができない「内側のより深いところ」「体験の深み」に意識を向けて探索することが、堂々巡りの打開には、有益である。

先のロジャーズの言葉で言えば、みずからの「潜在的な体験」をより十分に体験すること、「体験を体験すること」である。ジェンドリン(Gendlin, E. T.)の言葉を使えば、クライアントがふだんは意識を向けていない体験の「暗黙の側面(the implicit)」、そこで言葉が止まり思考が止まる「体験のアンクリアなエッジ(unclear edge of experience)」に意識を向けていくこと。ミンデル(Mindell, A.)の言葉を使えば、まだそこに自分がアイデンティファイ(同一化)していない、「今まさにここでふわーっと立ち上がっているプロセス」(二次プロセス)に意識を向けて、探索していくこと。そう言ってよいだろう。

そうした、いつもは意識を向けていない、より深いところに意識を向けること。自分の内側で「今まさに立ち上がってきているもの」「まだはっきりとはしないが立ち現れてきているもの」にクライアントが自分でていねいに意識を向けていくその瞬間。「これ、何だろう。んんっと……」と思索をめぐらすこの瞬間(ロジャーズ流に言えば、「自己概念」と合致しておらず、だからこそ「違和感」のようなものとして感じられる「潜在的な(potential)体験」。ジェンドリンの言葉で言うと、そこで言葉が止まり思考が止まる「体験のアンクリアなエッジ(unclear edge of experience)」。ミンデルで言えばおおまかには、二次プロセス、フラートされるもの)。そうした、多くの場合「あれ、これ何だろう?・」と感じられる漠然とした違和感。「これまで馴染みのない新たな何かがふわふわーっと立ち現れてくる」瞬間に、そこに意識を向けて、そこにとどまること。するとアウェアネスが生まれ、意味が到来する。

こうした「変化の瞬間」がもたらされるそうした体験に、援助的関係の本質はある。それは、カウンセリングやコーチング、キャリアコンサルティングのいずれにも共通することである。

その援助的関係のなかで、クライアントは、自分をいったん世界とのつながりから閉ざす。内側に潜る。意識を内側に向け続ける。言葉にならない、形にならない「何か」に触れ続けて、そこから何かが浮かび上がるのを待つ。そうした時間をしばらく過ごした後に、自分を再び開く。他者に届くかたちにしていく。この「一時的な自己退却↓集中した内省」という体験がクライアントに可能になるのは、援助的関係のこうした性質にかかっているのである。

このことが最も端的に示されるのが、ロジャーズのクライアント中心療法であろう。クライアントは、ぐるぐると同じことを考え続ける堂々巡りに陥っている。そのとき、カウンセラーがクライアントの内面に意識を向けて傾聴していると、クライアントは一人でいるときとは意識の状態が異なってくる。一人でいるときは頭だけでぐるぐる考え続けているけれども、カウンセラーが真剣に、集中して内側深くに意識を向けて話を聴いてくれていると、クライアントの意識も自分の内側に向かい始める。ぐぐぐっ、と意識が深まっていき、自己の内面を深く探索し始める。

すると、いつも一人でいるときにおこなっていた、頭だけの堂々巡りの思考の反復は、いつの間にか沈静化し、止まっている。いつの間にか、堂々めぐりの思考の反復が止まり、しなくなっているのである（「観念的内省」の停止と、「体験的内省」への展開）。

この「関係のなかでの、みずからの内面への意識集中」を、クライアント中心療法は「傾聴」によってもたらす。もちろん、ただの表面的な「聞き流すような傾聴」ではそうしたことは生じない。「深い、ほんものの傾聴」において、カウンセラーがクライアントの内側の深いところに意識を向けて、ぐぐっと集中して話を聴いていると、クライアントもみずからの内側の深いところに意識をぐぐっと集中させていく。クライアントがしばらくそこにとどまっていると、内側の深いところから、ふっと「答え」が浮かんでくる。

それがゆえに、深い、ほんものの傾聴には、意味があるのである。なぜ、傾聴されているだけでクライアントは変わるのか。その答えがここにある。みずからの内面への意識集中、という「脱日常的な意識体験」。それに伴う「観念的内省」の堂々巡りの停止と、内側のより深いところでの「体験的内省」への展開。それをもたらすがゆえに、カウンセリングやコーチング、キャリアコンサルティングにおける関係性の提供は意味があるのである。

■自身の「内側深いところに触れる」「内側に響かせる」体験が、深さを伴うカウンセリング、コーチング、キャリアコンサルティング共通のものである

自己探究カウンセリングの本質的な要素のもう一つは、クライアントが自身の「内側深いところに触れる」「内側に響かせる」体験である。なぜなら、それのみがクライアントの真の変化をもたらしうるからである。「内側に響かせる」ということなしに、ただ「考える」「感じる」「イメージする」だけでは、人間は、すでにある既知の思考パターンの反復のなかで堂々めぐりを繰り返すだけである。反復の連続における停滞。それが変化を妨げる。

内側に潜る。意識を内側深いところ（インナー・デプス）に向け続ける。そこととつながり、そこに降りる。そこにとどまり、「内側深いところ」で、そこを場所として、ものを考える。言葉にならない、形にならない「何か」に触れ続けて、そこから何かが新たに浮かび上がるのを待つ。そのとき、その「浮かんできたもの」を「自分の内側深く」に響かせてみたときに、そこに生じる「ん……」という「漠然とした違和感」「ずれ」。その「ずれ」「違和感」からのみ、新たな考えや生き方は生まれてくる。私たちの内側の「暗黙なるもの（the implicit）」と「すでにある考えや行為のパターン」との相互作用。そこからのみ、新たな何かは生まれ、変化につながっていく。

これは、思考のみからでは生まれない。感情のみからでも生まれない。行動や感覚からも生まれない。

単なる思考でも、単なる感情でもなく、内側深いところの「ずれ」「違和感」にとどまることからしか、生まれないのである。

切り離されたパターンが新たな何かが生まれるのを妨げる。私たちの変化を妨げているもの。それは、単なる思考、単なる感情、単なる瞑想である。これらが、私たちの変化を妨げている。新しい何かが生まれるのを妨げている。

新しい「何か」が生まれるのは、これらが、内側の暗黙の側面と相互作用することからのみである。ふだんは意識を向けていない「内側の深いところ（inner depth)」「体験の深み」に降りていき、そこにとどまり、その「暗黙の側面（the implicit)」「体験のアンクリアなエッジ」に意識を向けておくことからのみ、新たな何かは生まれるのである。

ただ考えること（思考）だけでは、思考の堂々めぐりに陥る。そのことについての内側の核心から、私たちの意識は逸れてしまう。ただ感じること。ただ怒ったり、悲しんだり、笑ったりすること。そのことで私たちは停滞する。変化しなくなる。そのことについての大切な何かから、私たちの意識は逸らされ、遠ざけられてしまう。ただ瞑想することで、私たちは停滞する。変化しなくなる。そのことについての大切な何か、「体験の深み」から、私たちの意識は遠ざけられてしまう。

大切なことは、ただ思考することにも、ただ感じることにも、ただ瞑想することにもない。そのことについての「内側深くの何か」に触れ続けること。「内側深くの何か」に触れながら思考し、「内側深くの何か」に触れながら感じ、「内側深くの何か」に触れながら瞑想すること。「内側の深いところ」にとどまり続け、そこで、そこを場所として、ものを考えること。そこに意識をとどめ続け、真にぴったりくる何かを求め続けること。そこに、ほんもののカウンセリング、コーチング、キャリアカウンセリングの共通の核心がある。

たとえばコーチが、クライアントに質問することを通してただ思考を促すならば、それは真のコーチングではない。コーチがクライアントに質問することを通してただ感じさせるならば、それは真のコーチングではない。コーチがクライアントに質問することを通してただ瞑想を促すならば、それは真のコーチングではない。

クライアントへの質問によって、クライアントの意識が内側の深いところにとどまり、そこで、そこを場所としてものを考えるようになるならば、またそこで自らの関心事についてのぴたりとくる何かを求め続けるような動きが促進されるならば、それは真のコーチングとなる。なぜなら、この「内側深くにとどまり続け、ぴたりとくる何かを求めるという内的な動き」の有無にこそ、真の自己変容と、すでにどこかで知っていたことを自分で再整理するだけの場合とを、明確に分かつものだからである。

単に再整理するだけの思考と、ロジャーズの言う「内臓感覚」的思考、内臓感覚レベルの思考。「観念的思考・観念的内省」と、内側の深いところにとどまってそこを場所としてなされる「体験的思考・体験的内省」。この両者はしばしば混同される。そして、両者の混同にこそ、いくら心理学を学んでも単なる堂々めぐりに終始してしまう人が少なくないことの最大の理由はある。

そしてまた、この両者の混同にこそ、ほんもののカウンセリングやコーチング、キャリアコンサルティングとそうでないものとが混同されやすく、しかもそれが識別されにくいことの大きな理由がある。それはまた、いくらこの分野のさまざまなアプローチが発展しても、大切な核心から遊離したままであることの最大の理由でもある。

■水平軸と垂直軸

この内的な作業を別の角度から見るならば、それは「水平軸での囚われから自分を解き放ち→垂直軸で〝深み〟に降りていき、そこで自己を見つめ、自己を究めていく作業」であると言うこともできる。

私たちは多くの場合、自分の所属している集団のなかで認められたい、排除されたくない、できれば尊重されたい、という思いを抱いている。承認欲求と自尊欲求である。承認欲求と自尊欲求のゆえに水平軸での囚われが生まれ、私たちは不自由になる。

そして、他者や世間の目に映る自分の姿ばかり気にして生きているうちに時間が流れ、いつの日か「私には中身がない。空《から》っぽ…」「人生が薄い。…ペラッペラ…」であることに気づいて愕然とする…ということになりかねない。

■パターンを超えた思考

私たちはまた、自分の所属している文化における既知の「思考パターン（型）」を身につけ、それに馴染み、その外に出ることができなくなっている。自分では自分で考えているつもりでいても、既知の思考パターンが作動している自動機械のように、パターン化された思考を反復することに終始する。既知の思考パターンの内部で、ぐるぐると動き続ける自動機械と化している。

この状態から抜け出るためには、人生の自然な流れからいったん降り、離脱して、承認欲求や自尊欲求を減じるとともに、先に述べた「一時的な自己退却→深い体験的内省」の時間を持つことが重要である。しかし、一人で深い、体験的内省を進めるのは難しい。カウンセラーやコーチ、キャリアコンサルタントによるサポートがここで大きな意味を持つ。

■自己探索を深め、自己を究める

「一時的な自己退却を伴う深い体験的内省」の時間において、人は、自己を深く見つめていく。自己探索していく。その自己探索の深まりにおいて自己を究めたとき、人はおのずと、自分の人生に与えられた使命・天命に目覚めていく。

「あぁ、これが私のなすべきことだったのだ」
「これが、私が暗にずっと探し求めていたもの、限られた私の命に与えられた使命・天命だったのだ」

このとき、天と地と、自分自身の存在の核とが、一本の垂直の軸でつらなる。「一時的な自己退却における深い、体験的内省の深まり」において、人はこうして水平軸の囚われから解放され、自己を深め、自己を究めていく。自己究明の末、使命・天命とつながると、一本の垂直軸が確立される。意識的に確立する、というのではない。おのずと成り立つのである。

■自己探究カウンセリングは、「意味志向アプローチ」「使命・天命志向アプローチ」

自己探究カウンセリングでは、クライアントは「一時的な自己退却を伴う深い内省」において、「みずからの人生に与えられた使命・天命」を問い求めていく。それはまた、「人生の残された限りある時間を、いかにして意味あるものとしてまっとうするか」を探究するプロセスでもある。

「人生を意味あるものとしてまっとうする」「みずからの人生に与えられた使命・天命を果たす」という視点は、クライアントの魂に強く、深く響く。それはしばしば、眠っていた魂を奮い起こす強い喚起力を持っている。それを境に、これまでの人生とは異なる、もう一つの物語（オルタナティヴ・ストーリー）が紡がれ始める。自己探究カウンセリングは、「意味志向アプローチ」であり、「使命・天命志向アプローチ」なのである。

このとき忘れてはならないのは、カウンセラー側の「人生を意味あるものに」という志向性は、クライアントにしばしば抵抗や、否定された意識を生んでしまいやすい、ということである。「私の人生に意味なんてない」「私にしかできないことなんてない」という思いを育んでしまいやすい。そのカウンセリングは、「無条件の受容」から離れたものになってしまいがちなのである。

カウンセラー、コーチ、キャリアコンサルトタントは、みずからの「意味志向性」「使命志向性」の持つ喚起力を自覚しながらも、このことに注意をしておく必要がある。すなわち、どこかで「意味ある人生、それもよし。無駄な人生も、またよし」といった構えが必要である。この構えなくして、クライアントを無条件に受容することはできない。プロセスを阻害してしまう。このことを心にとめておく必要がある。

カウンセラー、コーチ、キャリアコンサルタントの「一回一回のセッションを意味あるものにしよう」という姿勢も同様に、多くの場合、有害で、打算的で、阻害的でしかない。「意味あるセッション、それもよし。無駄なセッションも、またよし」――こうした姿勢を保持していることが、プロセスの暗転の際にもクライアントと「共にいる」ためには不可欠である。

第4章　ロジャーズをベースにした統合的アプローチ・EAMAとカウンセリングの四つの主要なアプローチ

■EAMA（体験－アウェアネス－意味生成アプローチ）の発見

筆者は、カウンセリングを学びはじめて四十二年、大学院生のときにカウンセリングの実践をおこないはじめて三十五年経つ。他の方々同様、目の前の仕事を、懸命におこなってきた。

ロジャーズ（Rogers, C. R.）の「深い傾聴」をベースに据えながら、真にクライアントの立場に立って話を聴いていきたいという姿勢を大切に、仕事をおこなってきた。クライアントが、自分のなかで起こりつつある体験をより十分に体験し、その末により納得のいく答え、より納得のいく人生の方向性を見出していくことができるようにと願いながら、カウンセリングをおこなってきた。

そして、そのようにして日々の実践を重ねていくうちに、とりわけ、オープンカウンセリングの体験を重ねていくうちに、そこにある「型」ないし「原理原則」のようなものができてきているように思えてきた。そしてそれは、ロジャーズのカウンセリングやフォーカシング指向療法、ミンデル（Mindell, A.）のプロセスワークなどと本質的に同じであるか、あるいはその連続的な延長上にあるもののように思えながらも、そこには、それらとはまた異なる「独自のかたち」があるように思われてきた。筆者なりの原理原則に従って、さまざまな心理学の技法を「統合」しておこなっているように思われてきた。

そして、ただ自分がそうしている、そうしてきた、というだけではなく、その「型」ないしは「原理原則」に従ってセッションをおこなっていると、目の前で「いいことが起きる」のを幾度も目のあたりにしてきた。つまり、良いセッションができたのだ。目の前で「良いプロセスが展開されていく」のを何度も目にしてきたのである。個人セッションのみならず、グループでのオープンカウンセリング、オープンセッションでも、その「型」や「原理原則」に従っておこなっていくと、必ずと言ってよいほど「良いこと」が起き、「良いプロセス」が展開されていくのを何度も目にしてきた。

つまり、その「型」や「原理原則」には、再現性がある程度はあり、トレーニングによって、他のカウンセラーやセラピスト、コーチ、キャリアコンサルタントによっても、再現可能、体得可能なものであると思われてきた。つまり、ただ「私がうまくいっている」というにとどまらず、そのやり方にはある種の普遍性、再現性があるように思われたのである。そして、筆者と同じ仕方でおこなっていると思える人とは、まだ出会えたことがなかった。孤独であった。

振り返ってみると、筆者も五十代後半になった。この本が世に出るであろう二〇二二年には、五十九歳になる。隣の研究室にいた天才肌のサイコドラマの先生が六十三歳でお亡くなりになったこともあり、せっかく伝達可能性と再現可能性があり、ある種の普遍性もあるように思われるのであれば、その「技芸のコツ」を理論化したり可視化したりして、何らかの程度まででも形に残し、トレーニングを通じて人に伝えていくのは、自分の「使命・天命」の一つであるように思われた。またそのことにある程度の時間とエネルギーとを割くのは、この分野で長いこと飯を食べさせていただいてきた人間の一人として、ある種の責任でもあるように思われた。

やっている方はわかると思うが、セラピィやワークというのは、やっている本人が一番面白い。人が目の前で変わっていく、いや変わっていくというのが大げさならば、変わっていくきっかけだけでもつかんでいく。その瞬間のプロセスに関与しているのは、実にエキサイティングである。喜んでいただけるし、自分も楽しい。

しかし、そうしている間に時間が過ぎてしまうのが人生である。ある程度理論化し、トレーニングなどを通して人に伝えていくことをそろそろしておかないと、下手をしたら間に合わなくなる。突然死んだり大病にでもかかったりすれば、私が今おこなっている技芸は、私の肉体の消滅とともにこの世から消えてなくなる。それではカウンセリングの神様に申し訳ない。せっかく、そこそこの資質と力量をお与えくださったのに、申し訳ない。そんな思いから、これまでおこなってきたみずからの実践を振り返り、稚拙なレベルではあるけれども、何とか現在の筆者に可能な程度の理論化をしようと思い立ったのである。

筆者のおこなっているカウンセリング、個人セッション、グループセッションでのアプローチを、現在のところ、ＥＡＭＡ（fully Experiencing-Awareness-Meaning Approach：十分に体験する‐アウェアネス〈覚知〉する‐意味が生成されてくる‐アプローチ：体験‐アウェアネス‐意味生成アプローチ）と命名している。「自らの体験を十分に体験する。その潜在的な側面，暗黙の側面，体験のアンクリアなエッジに至るまで，十分に体験する」→「今まさに新たに立ち現れてきているものに意識を向け，アウェア（覚知）する」→「新たな意味や物語が生成され，到来してくる」というプロセスで展開することから，「体験－アウェアネス－意味生成アプローチ」と呼んでいる。

「体験－アウェアネス－意味生成アプローチ」（EAMA）は，ロジャーズの「深いほんものの傾聴」をベースにした統合的アプローチである。統合される技法は何であってもかまわない。筆者のセレクトと違っていてもよい。重要なのは，それが，EAMAの原理原則にかなったものかどうか，である。

では，EAMAの「原理原則」とは何か。何度でもロジャーズの次の言葉に立ち戻ろう（EAMAは「ロジャーズ原理主義」であり，「ロジャーズについて一般に言われていること」「ロジャーズについての一般的な解説」には従わない。「ロジャーズ自身が語っていること」に従う。それを文字通り，実践するのである）。

カウンセリングや心理療法がうまくいっているときに，多くのクライアントが体験する「共通の体験」とは，次のようなものだとロジャーズは言う。

●潜在的な自己（potential self）を体験する

「すべてのケースにはっきりと現れる心理療法の一つの側面は，体験のアウェアネス（awareness of

experiennce）とか、体験を体験すること（the experiencing of experience）と呼びうるものである…（中略）…私はここでそのことを指すために、自己を体験すること（the experiencing）という表現を用いたが、これもまた正確な用語というには不十分である」（Rogers, 1953）

「クライアントは、自分自身の体験のいろいろな側面を、実際に自分に感じられるままに、五感の器官や内臓感覚的な装置（sensory and visceral equipment）を通して……（中略）……感じられるままに吟味していく」（Rogers, 1953）

「心理療法とは、五感と内臓感覚的な体験に立ち返ることを意味している」（Rogers, 1953）

私が今おこなっているアプローチのエッセンスを、これほどシンプルかつ明快に語っている言葉は他にない。自分自身の潜在的な体験、まだはっきりとしない、曖昧な体験を十分に体験すること。「体験を体験すること」。自分自身の体験のさまざまな側面を十分に体験し、吟味すること。より深く、より広く、さまざまな視点から体験し、体験し尽くすこと。これがＥＡＭＡの目指すものである。

内的体験は、本人に十分体験され、体験され尽くしたとき、はじめて一つ前に進む。新たな展開が生まれ、体験のプロセスは前進的に展開する。

人はみずからの内的な体験、内側で起きている体験をより十分に体験し、体験し尽くしたときにのみ、ほんとうに心から納得のいく方向性を見出すことができる。そのとき答えはおのずともたらされる。解決は目指さなくても，おのずとやってくる。すると，問題は問題としての意味を失い，問題ではなくなる。

ジェンドリンも言う。「すべての体験，すべての出来事は，そのさらなる展開をそれ自体のうちに暗に含み暗に示している」「すべての体験は，前進的に展開されうる。言葉や概念よりずっと複雑なその体験の『エッジ』をほんの少し感じとることができればいい。そうした感じられたエッジ（sensed edges）に注意を向けること。変化のステップはそこから生まれてくる」（Gendlin, 1996）。

EAMAは，「クライアントの内的な自己探究の旅を共にする対話的アプローチ」である。EAMAは個人セッション，グループセッション，二つの形を通しておこなわれる。個人セッションであれ，グループセッションであれ，カウンセラーはまずクライアントに「なる」「なりきる」ことに徹する。クライアントに「なりきる」。クライアントに「変身」する。一つになって「クライアントの心の世界」を「共に体験する」。共に体験し，体験し尽くす。

なぜか。人は一人では，自分の内側の体験を十分に体験することができないからである。EAMAのカウンセラーは，人生という孤独な道を歩んでいるクライアントの「人生の同行者」となる。「心の旅の同行者」を得ることで，クライアントは，一人では不可能な仕方で，より深く自分の内側に入っていくことができる。一人では不可能な仕方で，より十分に自分の体験を体験することができる。

人は，その内側でさまざまなことを体験している。そして，そのさまざまな内側での体験は自分自身に「もっと体験されたがっている」。しかし，人は一人では，なかなか自分の内側深くにしっかり入っていくことができない。内側の体験は多くの場合、放置されたままでいる。私たちの内側の体験、私たちの内側で生じているさまざまなものは、私たち自身に言わばネグレクトされている状態にある（内的なセルフネグレクト）。注意を払われず、体験されたがっているにもかかわらず、大切に体験されていない。それが、人のこころや人生の展開を妨げている。停滞させている。

EAMAでは、個人セッションであればカウンセラーが、グループセッションであれば他のメンバーもいっしょに、クライアントになりきって、「一つ」になり、そのこころの世界を「共に体験する」。共に体験し尽くす。個人セッションであればカウンセラーが、グループセッションであればグループ全体で、クライアントの内的体験のエッセンスを、あたかもそれが今、その場で起きているかのようにありありと「現前化」して「映し出す」。グループのメンバー一人一人が、クライアントの「人生」という「作品」のパーツになったかのような仕方で、グループ全体で一つになって、クライアントの内的体験のエッセンスを映し出すのである。クライアントは自分の内側深くに入って、自分が体験しつつあったことをもっと十分に体験する。そのためにさまざまな心理技法を即時的に用いる。それに役に立つようにどんな技法も柔軟に使っていく。ジェンドリン（Gendlin, E. T.）の言う諸技法の「体験的用法（enperiential method）」をおこなう。

クライアントは自分の内側深くに入っていき、自分の体験しつつあったことを思う存分、十分に体験する。その暗黙の側面、不明瞭な辺縁に至るまで、十分に体験する。もうこれ以上は無理、というところまで存分に体験し、体験しきる。体験し尽す。内側ですでに生まれていた体験、しかし本人から十分な注意を払われることもなく半ば放置されていたその体験を、カウンセラーや他のメンバーと共に、より十分に覚知（アウェアネス）を伴って体験する。その際、とりわけ、そこで言葉が止まり思考が止まる辺縁、クライアントの体験プロセスがそこで一時的に立ち止まる「体験のアンクリアなエッジ」に、ていねいに注意を向ける。

より深く、より広く体験し、体験し尽くす。十分に体験され尽くしたとき、体験のプロセスは前進的に展開する。「すべての体験、すべての出来事は、それ自体、そのさらなる展開を暗黙のうちに含んでいる」(Gendlin, 1996) からである。人生のプロセスが一歩前進した、前に進んだ、という実感を持つことができる。

するとその人は、本来向かうべき方向に向かっていけるようになる。「私が心のどこかで暗にずっと求めていたもの、探していたものはこれだったのだ」と気づく。停滞から解放され、自分が人生でほんとうに歩むべき道を歩んでいくことができるようになる。

このようにして、EAMAのカウンセラーは、人生という孤独な道を歩んでいるクライアントのこころの世界を「共に体験する」。そうすることで、クライアントの「こころの旅」「自己探究の旅」を共に歩む「人生の同行者」となるのである。

「同行者」と共にみずからの体験をより十分に体験し尽くすことができれば、クライアントはそこから展開されるプロセスのなかで、これが「自分のほんとうに歩むべき人生の道だ」という「真の自分自身の道」を見出していく。EAMAは、この「クライアントの内的な自己探究の旅」のプロセスを支え、促進していく対話的アプローチである。

EAMAは個人セッション、グループセッション、二つの形を通しておこなわれる。個人セッションは今のところ、初回八十分、二回目以降五十分で、五回がワンクール。グループセッションは一グループ十名から二十名程度で、「二日間コース」（初日は十時から二十二時、二日目は十時から十七時三十分）でおこなわれる。宿泊でなく、通いである。「十回（十週）コース」（週一回三～四時間）でもおこなっている。ほどよい感じがしているが、まだ決まった形式があるわけではない。個人セッションであれ、グループセッションであれ、「クライアントのこころの世界」を「共に体験」し、クライアントの「自己探究の旅」を共に歩む「同行者」となるという基本スタイルは変わらない。

EAMAでは、個人セッションであればカウンセラーが、グループセッションであれば他のメンバーもいっしょに、クライアントになりきって、「一つ」になり、そのこころの世界をあるとあらゆる手法を使って「共に体験する」。

さまざまな技法を即時的に用いていくが、クライアントの体験に外から何かを加えることはしない。アドバイスをしたり、指示をしたりして、クライアントのなかに無かった何かを新たに加えることはしない。クライアントがすでにその内側で、まだ明確な気づきには至っていなくても、暗に体験しつつあること、暗に体験しつつあるその体験を、より十分に体験し尽くすことができるようにする。自分自身の体験をより深く、より広く、より十分に体験し、体験し尽くす。すると新たな展開が生まれ、そこで展開した新たなプロセスを体験していく。

「クライアントの内側ですでに生まれていた体験、しかし本人から十分な注意を払われることもなく半ば放置されていたその体験を、カウンセラーや他のメンバーと共に、より十分に体験する。その暗黙の側面に至るまでより深く、より広く体験する。体験しきる。体験し尽くす――」

ＥＡＭＡのこの原理原則に忠実に従いながら、そのために役に立つものなら、使えるものはどんな技法も使っていく。ロジャーズのカウンセリング、ジェンドリンのフォーカシング、ゲシュタルト療法、フランクル（Frankl, V. E.）のロゴセラピィ、ハコミセラピィ、ミンデルのプロセスワークなどから学んだことを中核に据え、精神分析や認知行動療法、ブリーフセラピィなどの諸学派から学んだことも補助的に取り入れながら。それは筆者が、新たに独自の視点で構築した統合的なアプローチである。しかし、それは何ら新しいものではない。セラピィの本道である。

その中心は、「五感と内臓感覚的な体験」に立ち返って、「まだ内臓感覚レベルにとどまっている、言葉にならない、暗黙の体験を、より十分に、意識的に体験すること」「さまざま角度、さまざまな視点から、みずからの暗黙の体験をより十分に体験し、体験し尽くすこと、十分に展開していくこと」、そうやって「体験のアンクリアなエッジから、何かが〝来る〟のを〝待つ〟こと」にある。みずからのまだぼんやりとした、言葉にならない暗黙の体験を十分に体験し尽くしたとき、それはさらなる展開を迎える。体験のプロセスは前進的に展開し、ふと新たな気づきや意味が生まれる。こうした体験のプロセスにこそ、ＥＡＭＡ（体験‐アウェアネス‐意味生成アプローチ）の中核はある。

■EAMAのクライアントへの基本姿勢――内的な自己探究の「同行者」となること

ＥＡＭＡのカウンセラー、コーチ、キャリアコンサルタントの基本姿勢は、やはりロジャーズが示してくれている。

「クライアントが、自己と体験の、内側の最も深いところを探究していく、その同行者となること (being a companion to the client in the client's search for the innermost aspects of self and experience)」

(Rogers & Russell, 2002)

「セラピストの役割は、クライアントが、自己と体験の、内側の最も深いところを探究していく、その同行者となること、であると私は考えています。誰かが共にいてくれると、それまで否定していた問題に向きあうことができやすくなるのです。『暗闇に向かって歩いている感じがしています』とあるクライアントが言っていました。『けれど、誰か、同行者がそばにいてくれると、一人でいるのに比べて、とても楽になれるんです』と」

(Rogers & Russell, 2002)

「いいセラピストは、クライアントと、しっかりそこにいっしょにいることができます (the good

therapist is right with the client）。あるときは少し前を，あるときは少し後を，でも先に行き過ぎたり遅れすぎたりはせずに。だからクライアントは『私とちゃんといっしょにいてくれるんですね。私が今どこにいるか，わかってくれているんですね。この瞬間に感じている恐怖を理解してくれるんですね。今この瞬間に気づいたことをわかってくれるんですね』――そう感じるのです。

(Rogers & Russell, 2002)

「このあり方は，とても安全です。セラピストの役割は，安心感があり，理解してくれる，同行者でいてくれる，そうした真実の関係（a safe, understanding, companionable relationship which is real）を提供することにあります。セラピストは見せかけで行動しません。セラピストはクライアントとともに，体験のただなかにいるのです。」

(Rogers & Russell, 2002)

クライアントの「内的な探究の同行者」となること。クライアントがみずからの内側のもっとも深いところを探索し，自分の歩むべき方向性を探し究めていく，その内的な旅の同行者となること。これがEAMAにおけるクライアントへのかかわりの基本姿勢である。

そこでもっとも重要になるのは「プレゼンス」，こころを込めてしっかりと「そこにいる」ことである。それ以上に重要なものは何もない。なぜか。内面への意識集中の保持が可能となるからである。EAMAに限らずあらゆるカウンセリングや心理療法のもっとも重要な意味は，この「内的なプロセスへの意識集中の保持」にある、と私は考えている。

自分の内側に潜って、そこにとどまり、意識を内側に向け続ける、というこの作業は、かなりの集中力を必要とする。かなり疲弊する、根気のいることである。けれどもそこにもし、すぐれたカウンセラーやコーチ、キャリアコンサルタントといった「同行者」がいるならば、まったく違ってくる。たとえば、クライアントが「もうわかっているんです。これからどうすればいいのかは。でも……」と語る。この「でも……」において今まさに暗に進行中の、クライアントの内的なプロセス。EAMAのカウンセラーやコーチ、キャリアコンサルタントは、その「内側」にいる。その「内側」で、しっかりといっしょにいて、そこに何かが「やってくる」のを「待つ」のである。

こうした「同行者」がいないと、クライアントの多くは内側から意識が逸れてしまう。内側に意識を集中したままそこにとどまり、そこで何かが「やってくるもの」を「待つ」。それができずに意識が逸れていってしまう。内側への意識集中の保持は困難である。「内的な自己探究の旅」にとって、「同行者」の存在は大きい。

「内的な自己探究の旅」の同行者となるうえで重要なのは、「プレゼンス」である。しっかりと意識を集中して「そこにいる」ことである。カウンセラーやコーチやキャリアコンサルタントの意識が拡散していて、しっかりとそこにいないと、かえってプロセスは阻害されてしまう。一人でカフェで自分を見つめていたほうがましだった。そんなことになりかねない。

カウンセラーやコーチ、キャリアコンサルタントの存在の最大の意味は、「内的体験への意識集中の保持」にある。このことは何度強調しても，し足りないほど大切なことである。

■EAMAの基本は「深い，ほんものの傾聴」

EAMAのカウンセラーは，完全に自分を消して，相手の内側に入っていく。ここが肝心なのだが，相手の内側の世界に，自分自身をポーンと投げ入れる。自分の側には，何も残さない。ふっきりが肝心である。外から見ているのではない。クライアントが人生という道で，車を運転しているのだとしたら，カウンセラーは，自分自身も車に乗る。助手席に座って，同じ方向を見ている。クライアントが穴に落ちているのだとしたら，カウンセラーも自分からその同じ「穴」の中に入る。同じ「穴」から同じ景色を見る。「同行者」とはそういうことである。向き合ったりは，しない。

クライアントの内側の世界に完全に没入する。「自己没入的理解」である。自分を消して，相手の内的世界に自分自身をすっかり溶かし込んで話を聴いていくのである。クライアントに「なる」。「なりきって」聴いていく。

その際，クライアントの内側にいくつかのパーツ（下位人格）の声，意思が感じ取れたならば，その一つ一つに「なって」いく。たとえば，「まだまだ頑張れる自分」「もう無理だと思う自分」「考えるのにも疲れ切った自分」の声が感じ取れたならば，その一つ一つに「なって」いく。カウンセラーは，クライアントの内側の一つ一つの声のエッセンスをつかみ，それになりきり，一つ一つを自分の内側を通して，ありありと「現前化」し「映し出して」いく（例「もう無理だ……本当にもう無理……でもまだまだ頑張れる自分もいる……そして、こうやって悩んできたことに、もうすっかり疲れ果ててしまった。もう、どうでもいい。全部どうでもいい……」）。このように、それがあたかも今その場で起きているかのように、ありありと「現前化」し「映し出す」のである。するとクライアントは、自分の内側の一つ一つのパーツのエッセンスを、自分の内側で、その時その場でありありと感じ直し、体験し直すことができるのである。

カウンセラーはこうしてクライアントに「なる」。「なりきって一体化して」話を聞いている。

「自分は、もうすっかり、相手の内的世界の一部である」。そんな感じになっていく。

そして、そうした意識状態を保って聴いているときに、ふと浮かんできたイメージ、直観などを大切にする。大切にするだけでなく、それに「なって」みる。熊のイメージが浮かんできたら、熊になる。ピアノの音色が聞こえてきたら、それを奏でる。

重要なのは、そのとき、完全に自分を消して、クライアントに「なりきれている」ことである。完全に相手に「なっている」「一体化している」。そう感じられる状態で、ふと浮かんでくる言葉、イメージ、音、動作などはほぼ必ず意味がある。それになってみて、クライアントとともに味わう。クライアントのフィードバックを見て、何か反応があればそれをピックアップし、そのなかに入っていく。反応がなければ、それはただそのままにしておく。

「完全にクライアントの内的世界の一部になりきれているとき」に、カウンセラーの内側にふと出てきたイメージやしたくなったことなどは、もはや、こちら側のただの「主観」などではまったくない。むしろ、クライアントの内的世界のなかで生まれるべき何か（普遍性を持った何か）が、こちらの主観を通してその場に現れ出ている。そういう必然性を持っている。だからそれをピックアップして差し出し、共に味わうことはほとんどの場合、前進的なはたらきをなす。

ＥＡＭＡの基本は、ロジャーズの「深い、ほんものの傾聴」である。自分を完全に消す。自分の側には何も残さず、ふっきって、クライアントの内側の世界に自分を完全に投げ入れる。

クライアントの内面世界に自分を溶かす。「一つ」になり、クライアントに「なる」。クライアント自身に「なりきった」かのような意識状態で、クライアントの話を聴く。クライアント自身に「なりきる」。「なりきった」意識状態で、クライアントの内的体験を「共に体験する」。ただ理解するのではない。クライアントの内的世界を「ともに体験する」のである。クライアントになりきって、クライアントの内的世界を共に体験し共に漂う。

そうした意識状態にあるとき、セラピストの側にふと浮かんでくるイメージや言葉は、もはや、クライアントの内的世界の一部である。そのとき、クライアントとセラピストは、「同じこころの世界を、一体になって、共に体験している」という感覚がある。まさに、クライアントの内的なこころの旅の「同行者」となって、クライアントの内的な体験を「共に体験する」のである。

これがＥＡＭＡのクライアントへのかかわりの基本姿勢の要諦である。

その傾聴は、相手の言っていることを「〇〇なんですね」と「要約」して相手に「確認」してもらうような、一般的な傾聴ではない。クライアントの言わんとしていること、その内的体験のエッセンスを、その内側に入り込み、クライアントに「なりきる」ことでつかみ、そのエッセンスを自分の内側を通して、あたかも今、それが目の前で起きているかのように、ありありと「現前化」して「映し出す」傾聴である。こうした「深いほんものの傾聴」において、クライアントはただ「わかってもらえた」「理解してもらえた」と思うのではない。「その時その場でただちに、自分の内的体験をありありと感じ直し、体験し直しはじめる」のである。

■ EAMAとカウンセリングの四つの主要なアプローチ

周知のように、カウンセリングには四つの主要な立場がある。

①「**自己成長論の立場**」——ロジャーズのクライアント中心療法をはじめとした、人間性／トランスパーソナル心理学の立場。クライアントをその人自身の内側の視点に立って理解し、その内的成長を支える立場。

②「**精神力動論の立場**」——クライアントの悩み、苦しみの源泉は、過去の経験によって身につけた反復されるパターンにあると考え、そのパターンを生み出している、自分でも気づかないこころの深層の動き（力動）を理解するのを援助する立場。

③「**認知行動論の立場**」——クライアントの問題は、「過去に誤って学習された思考・行動・注意の向

け方」のパターンにあると考え、その「不適切な思考・行動・注意の向け方」をやめ、より適切な「思考・行動・注意の向け方」を学び直すのを援助する立場。

④「システム論の立場」——家族療法やブリーフセラピィなどの立場。クライアント個人ではなく、クライアントが属している「システムそのものが病んでいる」「システムそのものが問題を抱えている」と考える。「悪循環に陥り、問題を維持させている行動やコミュニケーション」を停止させ、より機能するそれに替えていこうとする立場。

この四つは、かなり異なるものの見方をする。そもそも、リアリティ（現実）をどのように認識するか、認識論からして異なる。

ロジャーズらの自己成長論では、現象学的な姿勢でクライアントの「主観」を尊重する。カウンセラーはクライアントの内的世界に没入し、クライアントに「なりきる」。クライアントと一体になって、そのこころの世界を「共に体験する」。

精神力動論では、セラピストとクライアントとの「間主観性」を重要視する。セラピストとクライアントの「あいだ」で立ち現れるクライアントの「心的現実」を見て取っていく。

認知行動論では、より「客観性」の高いエビデンスを重要視する。クライアントの行動を観察したり、「反復される思考・行動・注意の向け方のパターン」についての記録を取ってデータを蓄積することで得られる「事実（ファクト）」こそ、リアリティであると考える。

システム論では、「語り（ナラティブ）」を重要視する。個人ではなく、「システムそのもの」「関係そのもの」に焦点を当て、悪循環に陥り問題を維持させている「コミュニケーションや行動のパターン」を見て取ろうとする。

また、精神分析や認知行動療法では、クライアントの現在の問題や苦しみは、過去にあった何らかの「原因」となる経験によって身についたものであり、その「結果」苦しんでいるのだから、その原因に立ち返ろうとする「因果論」的な志向が強い。一方、自己成長論では、現在の悩みや苦しみはクライアントの成長にとって必要な気づきやメッセージを運んできてくれているものだとする「目的論」的な志向性が強い。

プラクティスにおいて、「現実」（それ自体）を変えようとするのか、「意識」に着目しその変容に向けてアプローチするのかも、大きな違いである。現実それ自体（やそれに近いところ）を直接変えるのが認知行動論やシステム論である。一方、自己成長論や精神力動論は、人間の「意識」に働きかける。意識が変わると現実は異なって見えてくることに着目した「意識変容のテクノロジー」なのである。とりわけ人間性心理学やトランスパーソナル心理学にその色彩は濃い。

こうした四つのアプローチの違いについては、拙著『カウンセリングの理論 上・下巻』（諸富、2022）でくわしく書いているので、ここでは、四つのアプローチを実践する際の最も大きな違いのみにしぼって説明する。

四つのアプローチの違いは、実践的にいうならば次の三点において表れる。

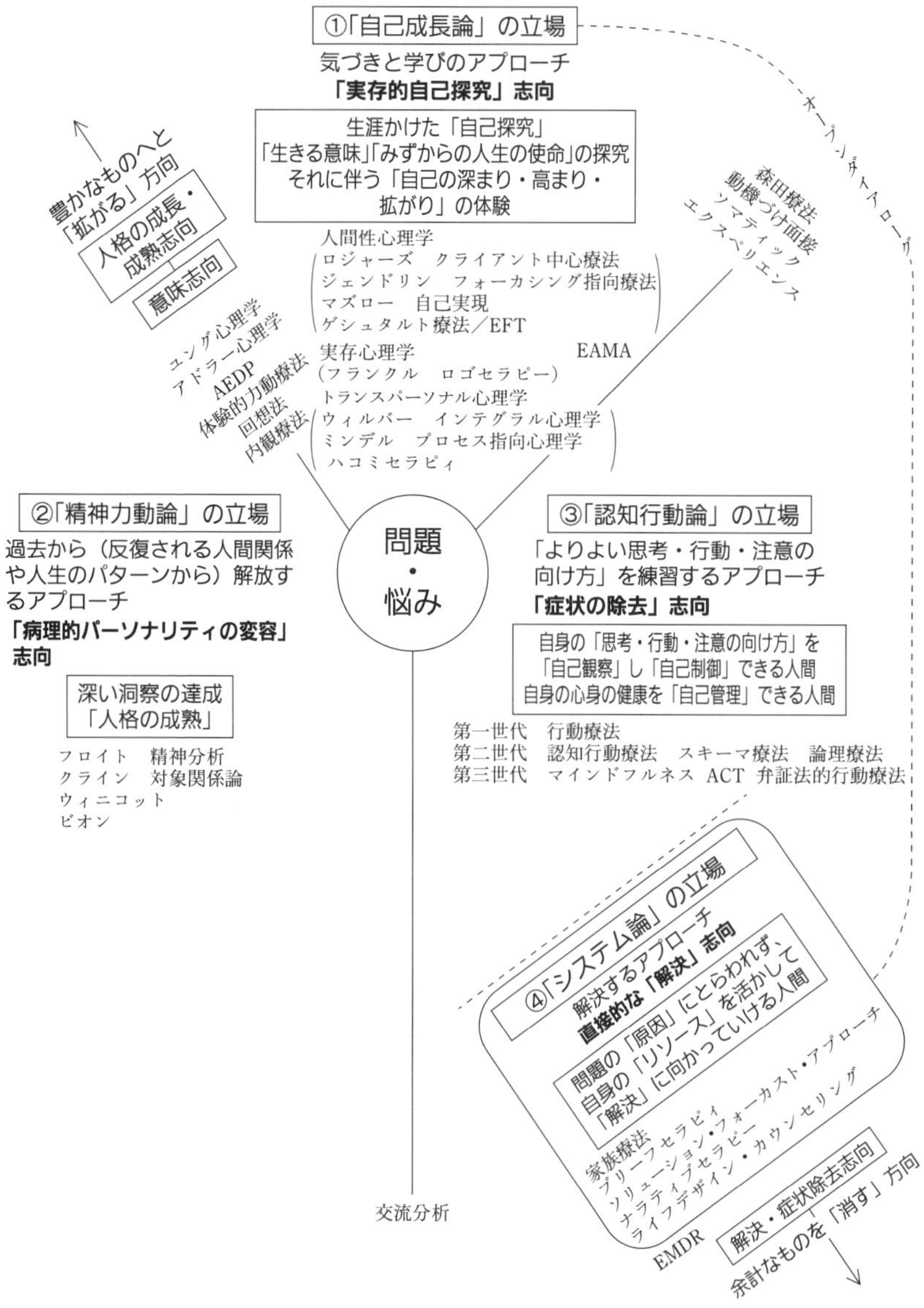

図1　カウンセリング理論の全体見取り図（総合版）（諸富、2022）

①クライアントをどのような視点・枠組みで理解するか。
②主にどこに主に着目するか。
③どのような変化が想定されているのか。

一つ目は、「クライアント理解の視点・枠組み」である。「目の前の人間を具体的に理解しようとするときに、その人の何を見て、どのように理解するのか」、その違いと言ってもいい。同じカウンセリングの理論といっても、「具体的な人間理解の仕方そのもの」が、四つのアプローチでは大きく異なるのである。目の前の一人の人間がいる。その人を理解しようとするときに、次の点が異なる。

- どこを（何を）見るか。
- 何に着眼するか。
- どのような視点から理解しようとするのか。

四つのアプローチは、人間を理解しようとするときに、「どこに（何に）焦点を当てて」「それをどのような視角から理解していくか」、この点で根本的な違いがあるのである。

簡潔に言うならば、四つのアプローチには先の三点（①②③）において次のような違いがある。

●自己成長論、とりわけロジャーズらのクライアント中心療法

①「相手の内面」に焦点を当て、それを相手自身の内側に入り込み、相手になりきって、相手をその「内側から」理解する。クライアントになりきり、そのこころの世界をその人と同じ視点で共に体験し、理解する。

②「固定化し変化に抵抗する要因」とともにクライアントの内面において「今ここで新たにふわーっと浮上しつつある内的体験」に着目し、そこに意識を向けていく。

③体験のプロセスが前進的に展開する。気づきやアウェアネス、意味を得ていく。人生のプロセスが一歩進んだ、先に展開した、少し成長できた、という実感がある。

●精神力動論、精神分析

①「相手のこころの深い内面」を（相手に「なりきって」聴くロジャーズ派よりも）、もう少し「外側」の視点も大切にして理解する。一歩離れたところから、カウンセラーとクライアントの「あいだ」に立ち現れてくるものを見る。

②その人を苦しめている「人生のつまずきや、人間関係の失敗の反復されるパターン」に焦点を当てて、それが「今・ここ」のカウンセラーとの関係で現れているのを見ていく。また、それをその

人の生育史や家族関係、過去の体験のエピソードとつなげて理解する。「幾度となく繰り返され、クライアントを苦しめている人生のつまずきや人間関係の失敗のパターン」が、「今のカウンセラーとの関係のなかでどのように反復され、再現されているか」を見て取っていく。とりわけ、幼少期の両親との否定的なつらい体験が、カウンセラーとの関係のなかでも再現されていることに着目する。

例1「先生は、どうして座って聞いているだけで何もしてくれないんですか！　私はこんなに苦しんでいるのに！」→子どもが苦しんでいても手を差し伸べてくれなかった母親との関係が、今ここで再現されている。

例2「先生は今イライラしているのがわかります。私はビクビクしています」→いつも怒って声を荒げていた父親との関係が、今ここで再現されている。

③これを、何度も何度も繰り返し洞察する（ワークスルーする）ことで、その反復パターンから解放されていく。執着していたパターンから解放されることは、本人にとって大きな諦めや断念であるが、そこには長年拘束されていたものからの解放感も伴う。こうして人間として成熟していく。

●認知行動論

①「クライアントの思考・行動・注意の向け方のパターン」を、その「外側」から理解する。

②クライアントに現在の苦しみをもたらし、不適応の原因となっている、反復されるマイナスの「思考・行動・注意の向け方のパターン」および「その前後にあって、それを引き起こし維持させている要因」に着目して、クライアント自身にそれを自己観察してもらう。記録を取ってもらう（セルフモニタリング）。自分自身の「思考・行動・注意の向け方のパターン」を自分で観察し、理解するように助ける。

③「より適切で適応的な思考・行動・注意の向け方」を「再学習する」ことができるように、「宿題」に取り組んでもらう。

●システム論

①「悪循環に陥り、問題を維持させているコミュニケーションや行動のパターン」を「外側から」理解する。

②問題の「原因探し」はやめ、「例外的にうまくできていること」や「自分の持っている力（リソース）」に目を向けていく。それを報告してもらう。

③「解決像」を描くことで直ちに解決に向かっていく。「問題モード」から「解決モード」に切り換っ

ていく。

より簡潔に言うならば、各アプローチの「クライアント理解の枠組み」には、次のような違いがある。

①**クライアント中心療法をはじめとした自己成長論**——クライアントの「内面」を、その人自身の「内側から」理解する。

②**精神分析**——クライアントの「内面」を、「もう少し距離を取り、もう少し外側から」、カウンセラーとのクライアントの「関係のなか」「間主観」で立ち現れてくるものに着眼して理解する。

③**認知行動療法**——クライアントの「思考・行動・注意の向け方」といったどちらかといえば「外的なもの」についてクライアント自身に観察し記録に取ってもらうことで、「客観的なデータという外的な視点」から理解しようとする。

④**システム論**——クライアントが属しているシステムの問題、問題を維持させているコミュニケーションや行動のパターンを「外側の視点」から理解する。

四つのアプローチを、①プラクティスにおける実際の着眼点（クライアントのどこにまず目を向けるか）、②クライアント理解の視点、枠組み、③主たる技法、④想定されているクライアントの変化、⑤志向されている方向、の五つの点からまとめておこう。

クライアント中心療法などの自己成長論では、①固定した状態にとどめおかれているクライアントのなかから、ふわふわーっと新たな何かが立ち現れて、その人がまさに今、変化していくプロセスに焦点を当てる。②それをその人自身の内側の視点に立って理解していく。③主に用いられる方法は、共感的な傾聴やフォーカシング、エンカウンター、エンプティチェアなどであり、④クライアントは実存的自己探究をおこなっていく。みずからの内的体験をより十分に体験する。アウェアネスや意味を獲得し、気づきを得て、人生のプロセスが前進的に展開していく。⑤志向する方向は「生涯にわたる自己探究」「人生の意味・使命の探究」であり、それに伴う「自己の深まり・高まり・拡がりの体験」である。

精神分析では、①過去、とりわけ幼少期のつらい体験によって、ある状態にとどめおかれているその在り様のほうに焦点を当てる。つまり、「人がなかなか変わることができないその要因」、同じつまずきのパターンや、人間関係の失敗を繰り返してしまう「反復される負のパターン」に着目し、その負のパターンの背景には何があるのか、どのような深層でのこころの動きが関係しているのかを見ていく（例：相手が自分を無視しているかのように感じられる場面に過剰に敏感になる。そのため不自然なまでによそよそしく振る舞ったり、「あなたはどうして私を避けるんですか！」と詰め寄ったりして、いつも人間関係を壊している）。②それが現在のセラピストとの関係のなかでどのように再現されているかに着目し、洞察を深めていく。③主に用いられる方法は、自由連想、転移や抵抗の分析、解釈、ワークスルー、夢分析などであり、④クライアントは、過去についたこころの傷や、人生や人間関係で繰り返されるパターンから解き放たれていく。⑤志向される方向は、深い「洞察」の達成、人格の成熟である。

認知行動療法では、①反復されるマイナスの思考・行動・注意の向け方のパターンを、「誤った学習」の結果生まれたものとして理解する。そのマイナスのパターンおよび「その前後にあって、それを引き起こし維持させている要因」に着目し、それを本人も自己観察によって理解したうえで、「よりよい思考・行動・注意の向け方」を改めてトレーニングによって「再学習」していく。②カウンセラーは、ダイエットを目的にスポーツジムに来た人のトレーナーのように、クライアント自身が「自分の思考・行動・注意の向け方」を観察し、記録し、それを「よりよい思考・行動・注意の向け方」に変えていくための「練習」をするのを手伝う。たとえば、「ぐるぐる考える思考の悪循環に陥ったときに、それを無理に止めようとすることで余計に悪循環にはまっている」ことに気づいたら、それを観察し記録に取る。「もっとよい注意の向け方」、たとえば「何か他のことをすることで気を反らす」とか、「マインドフルに受け止めて、そのままにしておく」という「注意の向け方」を生活のなかで練習する。記録をつけてカウンセラーに報告する。③主に用いられる方法は、脱感作、スモールステップの原則、自動思考の記録づけ、マインドフルネスなどである。④クライアントは、過去に誤って学習してしまった「不適切な思考・行動・注意の向け方」のパターンをやめ、「より適切な思考・行動・注意の向け方」を「宿題」に取り組むことで自分自身で練習し獲得していく。⑤志向される方向は、自身の「思考・行動・注意の向け方」を注意深く観察し、「自己制御できる人間」、自身の心身の健康を「自己管理できる人間」である。

システム論、家族療法やソリューション・フォーカスト・アプローチなどのブリーフセラピィでは、①悪循環に陥り、問題を維持させている「コミュニケーションや行動のパターン」に着目し、どのような悪

図2　カウンセリングの主要理論比較表（主要四理論バージョン）（諸富、2022）

	自己成長論	精神力動論	認知行動論	システム論
代表的な立場・理論	来談者中心療法	精神分析	認知行動療法	ブリーフセラピィ
クライアント理解の枠組み	内面を内側から理解	内面を間主観から理解	外面を外側から理解	その人が所属するシステムから理解 問題を維持させているコミュニケーションや行動のパターンに着目
認識論 リアリティをどうつかむか	現象学	心的現実	エビデンスによる実証	ナラティブ・ベースト
主観と客観	主観	間主観	客観	客観
主に何に着目するか	「固定化し変化に抵抗する要因」と共に「今新たに浮上してきている内的体験」に着目	「人生のつまづきや、人間関係の失敗の反復されるパターン」及び「セラピストとの関係におけるその再現」に着目	反復されるマイナスの「思考・行動・注意の向け方」のパターン及び「その前後にあってそれを引き起こし維持させている要因」に着目	問題が維持されているコミュニケーションや行動のパターンに着目
理解の方法	傾聴 クライアントになりきってその内面世界を内側から理解する	転移・逆転移 過去の生育史がセラピストとの関係にどのようなパターンとして反復されているか	観察 自己観察 データの取得 「思考・行動・注意の向け方」の反復されるパターンを特定する	質問 家族図 問題を維持させているコミュニケーションや行動のパターンに着目 どのような悪循環が起きているか
理論モデル	目的論	因果論	因果論	システム論
人間観	実現傾向 人間は成長への志向性を持っている	生物学的人間観 人間はエロス（生の本能）とタナトス（死の本能）に引き裂かれている	人間は習慣の束である 習慣は刺激（S）と反応（R）の結合によってつくられる	システムの捩れが個人に現れる システム自体への信頼 システムは自己制御機能を持っている
パーソナリティ論	「自己概念」と「有機体的体験」との一致・不一致 体験様式の変化	自我・超自我・イド 意識・前意識・無意識	刺激と反応の結合が行動 誤って学習された「不適切な思考・行動・注意の向け方」のパターンが不適応の原因	円環的因果律 三角関係形成
カウンセラーの役割	自己探究の道の「同行者」	両親への怒りや憎しみを投げ入れられる「器」	「思考・行動・注意の向け方」を自分で観察し制御できるようになるための「トレーナー」	悪循環から自らを解き放ち、良循環に目を向けるようにする「ディレクター」
代表的な技法	リフレクション エンカウンター フォーカシング エンプティチェア	転移や抵抗の分析 解釈 ワークスルー 夢分析	エクスポージャー スモールステップ 自動思考の記録 マインドフルネス	解決の構築 コーピングクエスチョン 例外探し ミラクルクエスチョン 外在化
想定されるクライアントの変化	実存的自己探究 体験をじゅうぶんに体験する 体験のプロセスの前進的展開	過去についたこころの傷や「人生や人間関係で反復されるパターン」からの解放	「適切な思考・行動・注意の向け方」を練習することで獲得する（再学習）	「解決モード」への転換 オルタナティブ・ストーリーへの書き換え
目指す方向	生涯にわたる「自己探究」 「人生の意味・使命」の探究 それに伴う「自己の深まり・高まり・拡がり」の体験	深い「洞察」の達成 人格の成熟	自身の「思考・行動・注意の向け方」を注意深く観察し「自己制御」する人間 自身の心身の健康を「自己管理」できる人間	問題の「原因」にとらわれず「リソース」を活かして「解決」に向かっていく人間

循環が起きているかを理解する。そしてそれをよりよく機能する「コミュニケーションや行動のパターン」に替えていこうとする。問題の「原因探し」「犯人探し」はせず、②むしろ「例外的にうまくいっていること」などに着目し、「クライアントの持っている力（リソース）」に目を向けることで、直ちに「解決像」を描かせ、解決に向かわしめようとする。③主に用いられる方法は、ジョイニング、例外探し、ミラクル・クエスチョン、外在化などであり、④クライアントは自ら「解決像」を描くことで、解決を構築していく。ドミナント・ストーリー（これまでの人生を支配していたストーリー）を新たなオルタナティブ・ストーリーに書き換えていく。「問題モード」から「解決モード」に変わっていく。⑤志向されるのは、問題の「原因」にとらわれず、みずからの「リソース」を活かして「常に積極的に解決に向かっていく人間」である。

精神分析や認知行動療法は「なぜこの人は変われないのか」「なぜこの人は負の思考や行動、人間関係の失敗を何度も繰り返してしまうのか」を理解し、その負のパターンを自覚的に停止させること、そこから解き放たれることを目指している。

一方、クライアント中心療法などの自己成長論の立場をとるアプローチでは、それらの要因（固定化要因、変化への抵抗要因）を重要視しながらも、まさに今立ち現れている「変化の芽」に目を向ける。クライアントの視点は、「なぜ私はこうでしかありえないのか」「なぜ私は変われないのか」（固定化ファクター、変化への抵抗ファクター）にばかり向きがちである。しかしそこにばかり目が向いていると、変化できないのは当然である。自己成長論の立場では、「まさに今、ここで新たにふわふわーっと立ち上がってきているもの」（即時的な顕現プロセス）に、クライアントと共に目を向ける。そうすることで、クライアントが変わっていくことができるように支えていくのである。

■EAMAと精神分析

EAMAは自己探究のカウンセリングである。その基本は、「深い、ほんものの傾聴」であり、「クライアントの内的な旅、こころの旅の同行者」となることである。クライアントの内的体験を「クライアント自身の内側の視点に立って、共に体験すること」である。

EAMAの基本姿勢は、「クライアントの内的世界」を「その内側から理解する」である。EAMAは基本的に自己成長論の立場に立つのである。

では、EAMAにおいて、精神分析や認知行動療法、ブリーフセラピィなどのシステム論はどのように役に立ちうるか。

カウンセリング、心理療法、コーチング、キャリアコンサルティングなどの支援を、単発的な面接ではなく、数カ月以上にわたる期間にわたって本格的におこなおうとする場合、しばしば「変化への抵抗」を扱う必要が生じる。心理療法において「治療的抵抗」と呼ばれるものに相当する。変化したくてもできない抵抗、エッジにさしかかって停滞する場面である。

クライアントは、「頭ではわかっていても、ついこうしてしまう」と語るように、同じ思考や行動、人間関係のパターンを繰り返してしまう。「どうせ私は変われないんだ」という壁に差し掛かる。

精神分析をはじめとした力動論的なアプローチが強いのは、こうした「変化に抵抗する強固で固定的なパターン」がクライアントに見られる場合に、それをその都度、その都度、「あぁ、またあのパターンが出てきた」と繰り返し、繰り返し、理解していく作業である。これを精神分析は「徹底操作（ワーキングスルー）」と呼ぶ。知的な理解は一度の解釈で可能であるが、「あぁ、私はほんとうにあのパターンを、こうやって何度も何度も繰り返しているんだ！」という深い納得感を伴った洞察は、一度で得ることはとうていできない。場合によっては何十回、何百回にわたる面接のなかで、繰り返し繰り返し生じてくるその負のパターンを、そのパターンがある意味ではその人の人生の結晶であり、人生そのものの不可欠な一部であると思えるようなところまで理解を深めていく。また、そのときしばしばクライアントは、過去、とりわけ幼少期のつらい体験にさかのぼって、そのパターンが作られた「もとになった出来事」や「もとになった人間関係」まで遡って理解していく。

「何度も反復される負のパターン」は、多くの場合「今ここでの、クライアントとカウンセラーとの関係」においてもまさに再現され、立ち現れてくる。カウンセラーとの面接場面で立ち現れている「負のパターン」をピックアップし、それが何を意味するか、クライアントの日常生活ではどのような仕方で再現されているかを、繰り返し、繰り返し、理解していく。（例：「今、あなたは、大切なときに限っていつも不在で、自分を支えてくれなかった母親の姿を私に重ね合わせて、私を責めたい気持ちになっているのではないですか」）。そうすることで、クライアントははじめて、自分のなかで起きている「変化への抵抗パターン」について深く理解することができるからである。

このとき重要になるのが、「転移」「逆転移」「投影同一化」「抵抗」などの概念である。クライアントがカウンセラーに対して抱く感情を「転移」、逆にカウンセラーがどうしてかよくわからないけれどクライアントに対して抱く感情を「逆転移」という。

たとえば、ある男性のクライアントが、「先生、先生は僕の話をよく聞いてくれていると思うんです。だけど、なぜか大きな声で、僕はこうなんです、もっとわかってください、と叫びたくなってしまいます」と言う。たずねると、「うちの父親はいつも表面だけ僕の話を聞いているふりをして、結局何にも聞いてくれていなかったことが後でわかって、腹が立つことがあるんです」と言う。この学生はもともと父親に対して抱いていた怒りを、父親と同世代のカウンセラーに向けて投げて重ねているわけである。こうした現象を「転移」という。

逆にカウンセラーが、他のクライアントの話はよく聞くことができるのに、あるクライアントに対してはどうしてか、つい高圧的な物言いをしたくなる自分に気づいたとしよう。これを「逆転移」という。話をしていると、クライアントは、いつも高圧的な物言いをする父親に対して脅えていたのだと言う。この場合、このクライアントの「夢世界」のなかで、いつの間にかこちらがドリームアップさせせられていたこと、知らず知らずのうちに彼の「父親役」（ロール）を演じさせられていたことに気づく。このように、カウンセラーがいつの間にかクライアントの無意識に操作されてしまうことを「投影同一化」という。こうした現象についても、可能な限り、面接のなかで取り上げていくことが重要である。

カウンセラーがなぜかあるクライアントに対してだけ，妙に「突き放したく」なったり，「説教をしたく」なったり，逆に妙に「やさしくしたく」なったりして，自分でもどうしてなのか，とまどうこともある。こういうときにも（自分に思い当たるふしがなければ），クライアントの人生で過去に似たような人がいて，その人との関係パターンが，ここでも（カウンセラーとの関係でも）再現されているのではないか，と考えてみる。「あなたを理由なく突き放してくる人はいませんでしたか？」とたずねると，ある人との関係が語られ，その人との関係で身につけざるをえなかったパターン（例：逃避）が，これまでも何度も現れて人生のさまたげになってきたのだ，と言うこともある。

このように，「クライアントの人生を妨げているパターン」は，「カウンセラーとクライアントの今ここでの関係」において，反復され再現される。そのことをピックアップし，面接のなかで繰り返し取り上げる。「何が自分の人生のなかで繰り返されているのか」「そこにはどのような生き方や人間関係のパターンが立ち現れているのか」深い理解を得ていく。それが，面接の中期で「変化への抵抗」を扱う上で重要になる。

■ EAMAと認知行動療法，ブリーフセラピィ

認知行動療法も精神分析同様，クライアントの人生のなかで「なぜか反復される負のパターン」を理解し，それを扱ううえで有用である。ウォルピ（Wolpe, J.）の「逆制止」「拮抗制止」という概念が端的に

示すように、たとえば「人前に出ると緊張してあがってしまう」という反応をリラクセーションなどによって緩和し制止させるのが、行動療法の基本の一つだからである。

実践的にみると、精神分析は面接中期の「変化への抵抗」の扱いに有益であるのに対して、認知行動療法は、面接後期の「アクションステップ」と私が呼んでいる段階において多くを用いることができる。

たとえば、あるクライアントが「私、決めました。ライターになります。今日から早速、毎日原稿を十枚ずつ書きます」と宣言した。その選択そのものは悪くないにしても、「毎日十枚ずつ」という目標が高すぎる。これが挫折を招くことがある。このとき、認知行動療法の「スモールステップの原則」を知っているならば、「まずは確実に達成できる目標から始めましょう」と提案することができる。「一日一時間は必ず原稿を書く。そこから始めてはいかがでしょう。また来週お会いしたときに、その後どうするか話し合うことにしましょう」と最初のハードルを低くする。それによってクライアントのモチベーションの低下を防ぐことができる。そして、「どのようなマイナスの行動」をして「どのようなプラスの行動」を取ることができたか、記録をつけてもらい、カウンセラーに報告してもらう。

システム論のブリーフセラピィなども面接後期の「アクションステップ」の段階において有益である。たとえば、「このまま離婚せず、夫とうまくやっていきたい」と決めたものの「一時間以上いっしょにいるとついイライラして声を荒げてしまうんです」と語るクライアントに対して、「例外的に夫とうまくやれている場面」に着目してもらい、それを報告してもらうことで、「うまくやれている場面」を増やしていくのである。

■EAMAは、ロジャーズをベースとし、諸技法の「体験的用法」（ジェンドリン）をおこなっていく統合的アプローチである

EAMAは、ロジャーズの言う「体験を十分に体験すること」を原理原則とする統合的アプローチである。その中心となるのは、クライアントの次のプロセスの展開である。

「みずからの体験に意識を向ける。その潜在的な側面、暗黙の側面、体験のアンクリアなエッジに特に意識を向けながら、すでに体験しつつあることをより十分に体験する」

←

「今まさに新たに立ち現れてきている体験に意識を向け、アウェアする」

←

「新たな意味や物語が到来してくる」

こうした原理原則に適う仕方で、フォーカシング、プロセスワーク、ハコミセラピィ、ゲシュタルト療法、フランクル心理学、ヒルマンの魂の心理学などから、即時的に必要な考え方や技法を取り入れていく。

それはジェンドリンの言葉を使うならば、諸技法の「体験的な用法（experiential method）」である

(Gendlin, 1974)。

精神分析的な「抵抗の解釈」をおこなう場合であれ，ユング的なアクティブ・イマジネーションをおこなう場合であれ，はたまた認知行動療法の「認知再構成」やオペラント，エクスポージャー，マインドフルネスといった技法を用いる場合であれ，あるいはまた，ゲシュタルト療法の「空の椅子」技法を使う場合，フランクルの「人生からの問い」という観点を提示する場合，いずれの場合も，それがクライアントがみずからの内的な体験の，まだ言葉にならない，暗黙の側面，「体験のアンクリアなエッジ（unclear edge of experience）」に意識を向け，十分に探索することができるような仕方で使っていく。これが諸技法の「体験的用法」である。つねにクライアントからのフィードバックに立ち戻りながら，「体験的効果（experiential impact）」をもたらすような仕方で諸技法を用いていくのである。面接中期で生じる「反復される抵抗パターン」を扱う際には精神分析から，面接後期のアクションステップの段階では認知行動療法やブリーフセラピィから，多くを取り入れていく。

ＥＡＭＡは，「ロジャーズの考えをベースにし，原理として展開していく統合的アプローチ」なのである。

第5章　自己探究カウンセリングの四つのフェイズ

■六種類のカウンセリングと自己探究カウンセリング

自己探究カウンセリング、ＥＡＭＡ（体験‐アウェアネス‐意味生成アプローチ）は、クライアントがみずからの体験をより十分に体験することによって、自分のこれから歩むべき道を探究していくプロセスを援助していくアプローチである。

前著『新しいカウンセリングの技法』（諸富、2014）において示したように、私は、カウンセリングには次の「六つの種類のカウンセリング」があると考えている。そして、それぞれにおいて展開される異なるプロセスがあると考えている。

①自分を見つめるカウンセリング（自己探索的、内省的カウンセリング）

②　つらさをしのぐカウンセリング
③　現実を受け入れ（あきらめ）ていくカウンセリング
④　目標達成のカウンセリング（「人生の目標や願望の実現」、「問題の解決」や「症状や痛みの除去・緩和」など、クライアントが掲げた「目的の達成」を直接目指すカウンセリング）
⑤　つなぐカウンセリング
⑥　コンサルテーション（援助的な作戦会議）

それぞれのカウンセリングにおいて、クライアントが「何を目指して、どこに向かっていくのか」が違えば、当然そこで用いられる「技法」も異なってくる。ＥＡＭＡ（体験－アウェアネス－意味生成アプローチ）は、①「自分を見つめるカウンセリング（自己探索的、内省的カウンセリング）」の方法である。

多くの人は、自分がこれからどう生きていけばよいか、人生の長い道のりを彷徨《さまよ》っている。自分はこれからどうすればよいのか、どんな道を歩んでゆけばよいのかわからず、「不確かさ」を抱えて生きている。

現代社会の大きな課題は、とりわけ中高年の「迷い」である。四十代半ば以降、五十代、六十代の人の多くが、人生の後半にさしかかるなかで、残りの人生をどのように生きていけばいいのか、どのようにして残りの人生をまっとうしていけばよいのかわからず、彷徨っている。現代は、まさに「不確かさの時代」なのである。

この「不確かさ」の時代にあって、迷いを抱えている人の「人生の同行者」となって、自己探究の道を共に歩んでいくのが自己探究カウンセリング、ＥＡＭＡである。そこで必要になるのは「深い、体験的内省」である。頭でっかちの観念的な内省ではなく、ハッとした気づきに開かれた体験的な内省である。具体的な手法は第6章、第7章に記すことにして、それに先だってまずここでは、おおまかなプロセスの輪郭のみを示しておく。

■ＥＡＭＡの四つのフェイズ

ＥＡＭＡ（体験－アウェアネス－意味生成アプローチ）は個人セッションを念頭に置くと、次の四つのフェイズで進められていく。

- フェイズ1　自己探究のための深い関係づくり
- フェイズ2　自己探究のファシリテーション
- フェイズ3　自己探究を妨げるパターンとの取り組み
- フェイズ4　アクションステップ

これは、個人セッションを念頭に置いたものであるが、グループセッションの場合も基本は変わらない。

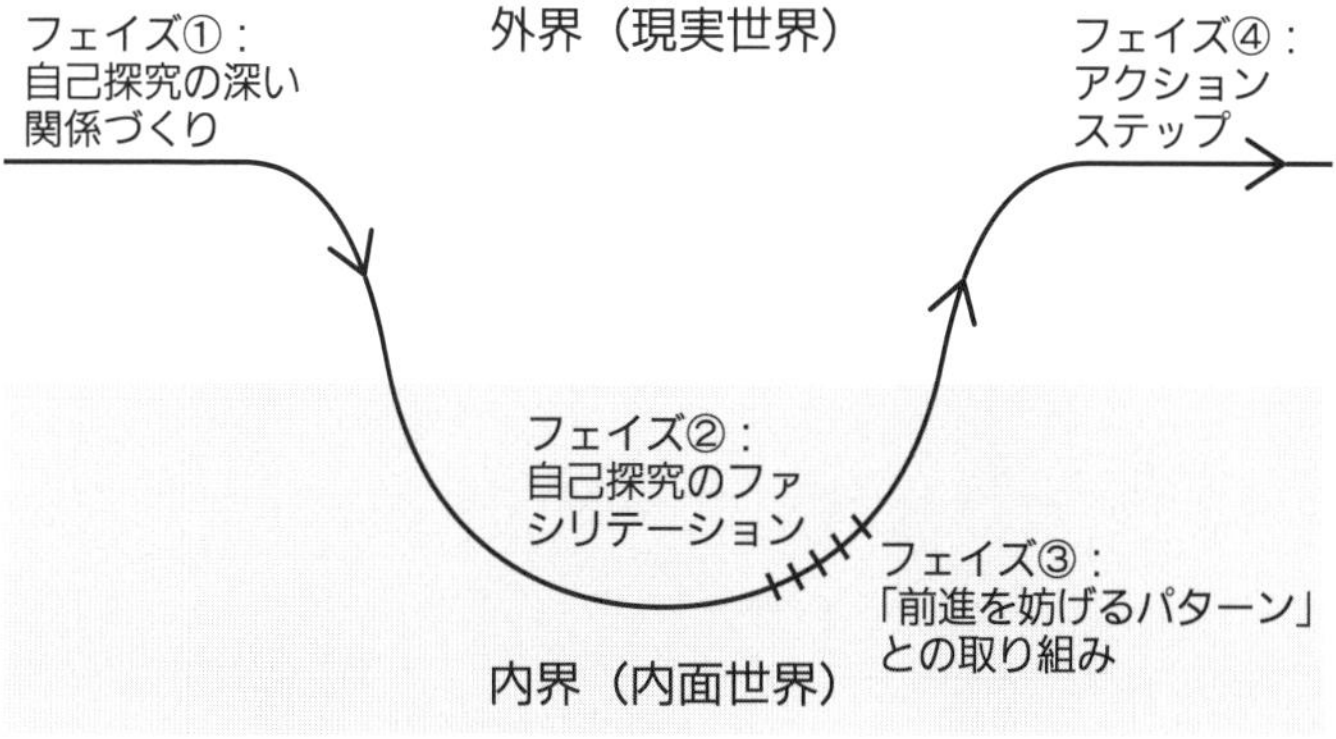

フェイズ①：自己探究の深い関係づくり
- 安心して話ができる関係づくり。
- 「脱日常的な深い意識モード」への変性。
- クライアントに「なりきる」。内的世界を共に体験する「同行者」感覚の醸成。
- 体験世界に共に浸る。変化の渦に自分自身を投げ入れる

役に立つ理論：ロジャーズのクライアント中心療法

フェイズ②：自己探究のファシリテーション
- 自分を深く見つめる。
- 自分の内側に意識を向けて、こころの声を聴いていく。
- 内的体験に深く浸る。
- 「体験のアンクリアなエッジ」にとどまるように工夫する。
- クライアントが自分の内的体験を十分に体験し、体験し尽くすことができるようにする。

役に立つ理論：ロジャーズのクライアント中心療法、ジェンドリンのフォーカシング指向心理療法、プロセスワーク、ゲシュタルト療法、フランクル心理学など

フェイズ③：「前進を妨げるパターン」との取り組み
- 変化や前進をはばむ「こころの壁（エッジ）」を「こころの守り神」として尊重し、それに取り組む。
- 立脚点の変更。
- 転移、逆転移、抵抗を扱う。ワークスルー（徹底操作）

役に立つ理論：プロセスワーク、精神分析など

フェイズ④：アクションステップ
- 「実際にこれからどうするか」行動の計画を立て、小目標を達成していく。
- スモールステップの原則で「確実にできる小さなこと」を決める。

役に立つ理論：認知行動療法、ソリューション・フォーカスト・アプローチなど

図1　カウンセリングの基本プロセス

●フェイズ1　自己探究のための深い関係づくり

個人セッションで最初におこなうことは、「安心して話ができる関係づくり」である。あたたかい「非評価的な雰囲気での関係づくり」が、スタートでもっとも必要なものである。「ようこそ、どうぞ」と相手を迎える。カウンセラーにどう思われるかを気にすることなく、なんでも安心して話すことができる非評価的な雰囲気での関係づくりが、セッションのスタートである。

しかし、それだけでは足りない。クライアントがみずからの内的な自己探索、自己探究のプロセスに入っていくためには、まず、こちらの意識のモードを「非日常的な意識モード」「脱日常的な意識モード」に面接前に整えておく必要がある。カウンセラーやコーチ、キャリアコンサルトタントの側が「日常的な意識モード」のままでは、クライアントの内的な自己探究は始まらない。カウンセラーやコーチ、キャリアコンサルトタントが、みずからの意識モードを「脱日常的な意識モード」に変性させておくことからしか、クライアントを「脱日常的な意識モード」に誘うことはできない。

クライアントの内的な自己探究の旅は、「そうなんです。もっと、売り上げをあげなきゃいけないことはわかっているんです。でも……」の「でも……」から始まる。クライアントとの関係においてつくられる面接空間が、「日常的な意識モード」に覆われ支配されている間は、深い、内的な自己探究の旅は始まらない。

カウンセラー、コーチ、キャリアコンサルトタント自身が、まず、自分の意識モードを「脱日常的な、深い意識モード」に変性させる。面接室に入る前に、深く長い呼吸をおこなったり、マインドフルネス瞑想をおこなったりする。あるいは、自身でフォーカシングをおこなったり、プロセスワークの一人でのワークをおこなったりして、意識の状態を脱日常的な深い意識状態に整えたうえで面接に臨むのである。

そして、クライアントの話の表面的な内容ではなく、クライアントの話を通してその場に表現されようとしているものの「エッセンス」に耳を傾けていく。クライアントの内側の深いところから何かが立ち現れ、表現されようとしている。それそのものに耳を傾けていくのである。

クライアントに「なりきり」、もう一人のクライアントになったかのような意識状態において、クライアントのこころの世界を味わっていく。

別々の二人の人間が対面して、「相手のこころを理解する」という意識の在り方ではない。自分を消して、クライアントになる。クライアントになりきる。一つになる。クライアントになりきり、一体化した意識の状態において、クライアントの内的な世界、クライアントの内的なこころの旅を「共に歩む同行者」として、クライアントのこころの世界を聴いていく。

「セラピストの役割は、クライアントが、自己と体験の、内側のもっとも深いところを探究していく、その同行者となることである」(Rogers & Russell, 2002) とロジャーズが言う、まさにそのような関係をつくっていく。

多くの人は、人生のなかで不確かさを抱え、彷徨《さまよ》いながら生きている。若い人も、中高年の人も、これから自分がどう生きていけばよいのか確証が持てず、孤独に自分の道を探しながら生きている。ロジャーズのクライアントが言ったように、「暗闇に向かって歩いている感じ」を、多くの人は抱えている。

この孤独なこころの旅の「同行者」となることが、EAMAのカウンセラーの最大の役割である。ロジャーズのクライアントが言うように、「誰か、同行者がそばにいてくれると、一人でいるのに比べて、とても楽になれる」(Rogers & Russell, 2002)のである。

こうした、「同行者と共に人生を歩んでいる感覚」「一体となって、共に、クライアントのこころの探究の旅の道をいっしょに歩んでいるような感覚」、これをクライアントとの関係のなかで育てていくことが、EAMAのスタートにおいてもっとも重要なことである。

「深い一体感」、「自分のこころの旅を、いっしょに歩んでいてくれている」という「同行者の感覚」、これが二人の関係のなかに育まれていないと、クライアントはこわくて、自分の内側のもっとも深いところを探究していくことはできない。

いっしょに車に乗る。いっしょにジェットコースターに乗る。いっしょに穴の中に入る。変化の渦《うず》の中に自分自身を投げ入れる。同じ体験世界にいっしょに浸る。

もしクライアントが、人生の道を一人で歩んでいるのであれば、カウンセラーもクライアントと一つになり、同じ方向を向いて、共に歩んでいく。もしクライアントが、車に乗り急な道を運転しているのであれば、カウンセラーもその車に乗る。助手席に乗って、急な道を進むその同じ景色を見る。もしクライアントがジェットコースターに乗っているのであれば、カウンセラーもジェットコースターに乗り込む。猛スピードの体験を「共に体験する」。もしクライアントが穴に落ちているのであれば、カウンセラーも

「穴」の中に入る。クライアントに引きずられて穴に落ちるのではない。「自分から穴に入る」。そして、共に「穴の中」にいて、クライアントと共に体験する。

クライアントは、変化の渦《うず》の中に自分を投げ込まれたような状態にいる。カウンセラーもこの「変化の渦」の中に、自分自身を投げ入れる。クライアントの体験世界にカウンセラーもいっしょに浸《ひた》るのである。

●フェイズ2　自己探究のファシリテーション

個人セッションであれば二人の間に、グループセッションであればグループのなかに、「深いところでつながりあえた同行者の感覚」が育まれていると、それだけで、クライアントの内的な自己探究の旅は進んでいく。「深いつながりの感覚」を保つこと、「クライアントのこころの旅の、内的な同行者の感覚」を保つこと、しっかりとそこにいる感覚（プレゼンス）を保つこと。これらが何よりも大事である。

そのために、カウンセラー（コーチ、キャリアコンサルタント）は、自分を完全に消して、相手のこころの内側の世界に溶けて一体になる。またこの感覚を味わいながら、同時に自分自身の内側の深いところにも意識を置いている。言わば、自分自身にフォーカシングをしながら、内側の深いところに意識を置いて話を聴いている。

このフィエズでのリフレクションは、「〇〇なんですね」と「クライアントの言わんとしていること」を「要約」して、クライアントに「確認してもらう」通常の伝え返しが中心ではない。クライアントが言わんとしていることのエッセンス、内的体験のエッセンスを、カウンセラーは自分の内側を通して、あたかも今、その場で、それが起きているかのようにありありと「現前化」し「映し出す」ようなリフレクションである。カウンセラーの言葉を聴くことで、クライアントは内側で「自分の体験を、その時その場で、ありありと感じ直し、体験し直す」ことができる。そうしたリフレクションをおこなっていく。

途中でクライアントの意識が内側からふと離れそうになると、たとえば「もっと、売り上げをあげなきゃいけないことはわかっている。でも……でも……」と、ゆっくりと、何度も繰り返し、「でも……」のあたりの内的な体験にクライアントがとどまることができるようにする。「でも、そこに何かが、ある……」とゆっくり何度か繰り返して、「でも、……」の先にある「何か」にクライアントの意識をとどめおき、そこから離れることがないよう、そして、クライアントが安心して体験世界に浸ることができるように「小さな工夫」を加えることもある。「でも……」の先にあるクライアントの「体験のアンクリアなエッジ」にとどまることができるようにするのである。「体験のアンクリアなエッジ」から変化はやってくるのであり、それ以外からは来ないからである。

そのようにして、クライアントも、カウンセラーも、共に内側の体験世界にしっかり浸っていく。内的なこころの旅を共に歩んでいるような感覚を醸成しながら話を聴いていく（この側面は、フォーカシング指向的である）。

ＥＡＭＡでは、このように、「クライアントのこころの世界に、完全に自分が溶けて一つになっている感覚」「クライアントの体験世界に二人で共にしっかり浸ることができている感覚」を大切に育んでいく。その感覚があるのならば、そこでカウンセラー（コーチ、キャリアコンサルタント）の側に「ふと浮かんでくること」「したくなること」は、何でも活かそうとする。すべてをクライアントの内的なこころの世界の展開に生かすのである。

「クライアントのこころの世界に自分が溶けて一つになっている」感覚。クライアントのこころの世界で表現されようとしているものの「エッセンス」を自分もつかみ、それをいっしょに味わっている感覚。この感覚を育てることを何よりも優先する。深く、深く、こころの世界を聴くことに徹する。

そして「クライアントのこころの世界に自分が溶けて一つになっている」感覚、「クライアントのこころの旅の、内的な同行者となれている感覚」「クライアントのこころの世界で表現されようとしているもののエッセンスをつかみ、それをいっしょに味わっている感覚」が育ってきたならば、自分のなかから出てくるすべてのものを活かして、プロセスを展開していく。そのような意識状態にあって、セラピスト（カウンセラー、コーチ、キャリアコンサルタント）の主観にふと生じてくるものは、もはや「私のなかで生じたこと」ではない。それらはむしろ、「クライアントの内的な世界のなかで暗黙のうちに起きつつあることが、カウンセラーという一人の人間を『器官』として、現れ出てきたもの」だからである。

たとえば、カウンセラーは「こんなイメージが浮かんできました」と、ふと自分に浮かんできたイメージを伝えるかもしれない（このあたりはインタラクティブ・フォーカシング的である）。あるいは、「あなたのお話をお聴きしていると、こんな音を出したくなりました」「こんな歌を歌いたくなりました」と、音を出したり、歌ったりするかもしれない。「こんな踊りを踊りたくなりました」と踊ったり、ポーズをとったりするかもしれない。グループセッションである場合には、グループの他のメンバーも、その歌をいっしょに歌い、踊りを踊るかもしれない。クライアントはそれを見たり聞いたり、そのなかに加わって自分もいっしょにやってみたりする。そして、自分のなかで「何が出てくるか」を見てもらう。

クライアントの内的な世界に、完全に自分を溶かし込んで聴き入っていることができているとき、そこでカウンセラーの側にふと生まれてくるものには、何らかの必然性がある。このとき、カウンセラーは、完全に自己一致し、自由であること、ふっきれていることが肝要である。

クライアントが、「自分はもともとこんな人間なんです。もっと大切なことがあることはわかっていて……。それが何であるか知りたいのですが……やっぱり、いつもの自分に戻ってしまうんです……」と語っているとする。ここでクライアントが言っている、「もともとの自分」「いつもの自分」と「もっと大切な何か……」。EAMAがまず焦点を当てるのは、後者、すなわち、「もっと大切な何か……」という言葉で言わんとされているもので、今まさにこの場で「ふわふわーっと立ち上がってきているもの」である。

クライアントが言う「もともとの自分」「いつもの自分」は、ロジャーズで言えば「自己概念」、「もっと大切な何か……」は「潜在的な体験」「内臓感覚的な体験」であろう。クライアントの言う「もともとの自分」「いつもの自分」は、ジェンドリンで言えば「イクスプリシット（顕現されているもの）」、「もっと大切な何か……」は「インプリシット（暗黙なもの）」「体験のアンクリアなエッジ」であろう。同様に、クライアントの言う「もともとの自分」「いつもの自分」は、ミンデルで言えば「一次プロセス」、「もっと大切な何か……」は「二次プロセス」、「でもやっぱりいつもの自分に戻ってしまう……」は「エッジ」であろう。

クライアントはこう言うかもしれない。

〝もっと、大切な何か〟を思い浮かべていると、たしかに私はその道を歩むべきだ、という感覚があるんです」

この言葉を、クライアントの内的世界に入ってその内側で味わっていると、カウンセラーのなかに「一本の道」のイメージが見えてくるかもしれない。すると、部屋の中で、クライアントにその「一本の道」を歩んでもらうこともある。クライアントが「一人でこの道を歩むのはつらいです。あまりに孤独で……」と言うと、カウンセラーもいっしょに部屋の中で、二人並んで実際にその道を歩くかもしれない。グループセッションの場合は、クライアントにいっしょに歩いてもらいたいメンバーを指名してもらい、部屋の中をいっしょに歩いてもらうといい。

部屋の中で「一本の道」を歩いてもらっていると、クライアントのなかから「だめだ。もとの自分に戻れなくなる。それはとてもこわい」という気持ちが生まれてくるかもしれない。すると、「一本の道を歩む自分」と「安全第一で、もとの自分にとどまろうとする自分」を異なる二つの「こころの立場（ロール）」として立てて、一人で二役を演じてもらうかもしれない。カウンセラーと二人で演じるかもしれない。グループセッションをおこなっている場合は、クライアントに、それぞれのロールを演じてもらう人を参加者から選んでもらってロールを演じてもらうかもしれない。クライアントはそれを見ていて、ふと言いたくなったこと、浮かんできたことを言ってもらう。クライアント自身に、その場で起きていることを好きに展開してもらう。そのとき自分の内側で生じてくる新たなものに従いながら、プロセスを展開していく。「プロセスがたどりつくべきところにたどりついたな」「十分に展開できたな」と思えたならば、「そこで浮上してきた新たな自分」に名前を付けて、「空の椅子のワーク」をすることもある。私が好んで行うのは、「空の椅子」には現実の自分が座っていると想定したうえで、椅子の後ろに行き、そこに立って、「新たに浮上してきた自分」になって、「今の自分」にメッセージを送ってもらう、という方法である。

グループセッションの場合、最後に、クライアント役の人に円の中心に座ってもらい、他のメンバー十数名はそのメンバーを囲んで立ち、他のメンバーから「ふと浮かんできたイメージ」「ふと言いたくなったこと」を伝えてもらうことが多い。他のメンバーからの言葉を、クライアント役のメンバーは目をつむって聞き、その言葉一つ一つを内側に響かせる。

少しはイメージしていただけただろうか。他のアプローチと同様、実際にワークに参加していただかないと、なかなか伝わらないかもしれない。

大事な点は、「クライアントの内的なプロセスの展開だけを目的としておこなうこと」「外からは何も加えないこと」である。ロジャーズの言う「体験を体験すること」。「クライアントが潜在的に、ぼんやりと、であれ体験していることを、より十分に自覚的に体験すること。より深く、より広く体験すること。すでにクライアントが暗黙のうちに体験しつつあったことをより十分に体験し、体験し尽くしたと思えるところまでプロセスを展開すること」。それ以外は、何もしないことである。

表面的な技法面にだけ焦点を当てるならば、ここで述べただけでも、ロジャーズの共感的傾聴、ジェンドリンのフォーカシング、ジャネット・クライン（Klein, J.）のインタラクティブ・リスニング＆フォーカシング、ハコミセラピィ、ゲシュタルト療法、プロセスワーク、サイコドラマなど、実に多様なアプローチの技法が用いられている。しかし、すべてはロジャーズの言う「体験を十分に体験すること」、クライアントが潜在的にぼんやりとであれ体験していることをより十分に自覚的に体験すること、より深くより広く体験すること、すでにクライアントが暗黙のうちに体験しつつあったことをより十分に体験し体験し尽すこと、それだけを目的におこなわれる。

これだけがＥＡＭＡのプリシプル（原則）である。それ以外は、あらかじめ決められたマニュアルは存在していない。第6章と第7章で、おおよそこのようなことがおこなわれている、という具体的なプロセスを示すが、それはあくまでおおまかなイメージをつかんでもらうためである。

大事なことは、カウンセラーが自分を消して、クライアントの内的世界に自分を溶かすこと。クライアントに「なりきる」こと。クライアントになりきってクライアントの話を聴いていき、一つとなり、クライアントの内的なこころの探究の旅を共に歩む同行者となっていること。共に体験していること。そして、そこから生まれてくるもの以外は何も付け加えないこと。逆に言うならば、そうした意識状態、そうした関係性のなかで生まれてくるものは何であれ、すべて使うこと。何のためらいもなく。そのためにカウンセラーは完全に自己一致し、自由であることが求められる。

●フェイズ3 「前進を妨げるパターン」との取り組み

クライアントの多くは、自己探究のプロセスのなかで、もっとほんとうのものをつかみたい、もっとほんとうの人生の道を歩みたい、という強い気持ちにかられている。これは、その人の切実な願いである。しかし同時に、そのような、今まさに生まれている新たな気持ちを探索していると、「これまでの自分を失いたくない」「何か、自分が壊れてしまいそうでこわい」と語る方も少なくない。当然である。そんなに簡単に変わることができるものなら、すでに、とっくに変わっている。

この「変わることができない自分」は、その人の変化や前進を阻む「こころの壁」（エッジ）である。ある意味では、それはたしかに、いつしか乗り越えられるべき「壁」である。しかし、この「こころの壁」＝エッジはその人の人生で長い時間をかけて育まれた「生きる型」であり、その人の「こころの守り神」でもある。「どうすれば自分を守ることができるか」についての深い知恵を含んでいる。

けっして冒険しない人は、無理をしない頑固な在り方をすることによって、自分を守ろうとしている。本人は「私は変われないんです」と言うが、「変われないこと、変わらないこと」で自分を変化の荒波から守っている面もある。「変わりたいのに変われない」と苦しんでいる本人にとって、「こころの壁」は、ただ自分の変化や前進を妨げているものにしか映っていない。本人の視点に立つ限り、自分は「こころの壁」によって変化を阻まれている犠牲者」であり、「こころの壁」は「取り除くべきもの」であるか、「越えられるべき疎外物」でしかない。

ここで必要なのは、「立脚点の変更」である。「こころの壁」のほうに視点を移し、「こころの壁」になることで、それがどんな働きをし、どんな意味を持つものであったか、気づくことができるようになる。EAMAでは、クライアントに「こころの壁」になって、ロールを演じてもらうこともある。

「待って。たしかにあなたは変わりたいかもしれない。だけど、この壁の向こうには、危険がいっぱい。あなたにこれ以上傷ついてほしくないの」

「待って。あなたが真実を求めているのはわかる。あなたが求道者タイプの人間であることもわかる。だけどこれ以上前に進むと、あなたはボロボロになってしまう。消耗して、エネルギーを失ってしまう」

「待って。あなたが恋に落ちようとしているのはわかる。それはあなたの人生で幾度とやってくることのない、真実の恋。だけど、いったん向こうに行ってしまうと、あなたはもう戻れなくなる。多くのものを失ってしまうかもしれない」

このような声を発しながら、自分のなかの「こころの壁」が、どんなに自分を守ってきてくれたか、気づくかもしれない。「こころの壁」に隠された真実の願いに、気づくことができるかもしれない。「こころの壁」の背後に隠された思いに気づき、それをより自覚的に生きることで、その人はよりよく自分を守ることができるようになる。

まじめで誠実な人には、「自分を守ること」が苦手な人が多い。一生懸命頑張っているはずなのに、仕事やら人間関係やら、なぜか事あるごとにうまくいかずに躓《つまず》き、苦しんでいる。ブラックな職場環境にいながら、「私が頑張らないと」と背負いこんでしまう。「私にはそれは無理です」の一言が言えず、納得のいかない状況を自分一人で抱え込み耐えしのごうとしてしまう人もいる。「逃げなくては」と思いつかない。こういう人は、「自分の守り方」がよくわかっていない人だ。

「自分の守り方」を体得すること、「自分を守る人のロール」を自分のこころのなかで育てることは、EAMAの大きな役割の一つである。EAMAは、「こころの壁」を越えて、新しい自分へと向かってブレイクスルーする（こころの壁を突破する）ことを直線的に目指すものではない。

先に精神分析の説明のところで見たように、この「こころの壁」、その人の変化を妨げている「反復される人生や対人関係のパターン」は、幼少期からの親子関係のなかでつくられることが多い。

たとえば、高圧的な父親との関係のなかで「許せない」という憤りや怒りを感じてきた人が、成人した後も、冷静になってよく考えてみればそれほどのことでもないのに、ちょっと理不尽さを感じただけで、自分でもコントロール不可能なほどの怒りを抱きそれに振り回されることがある。そのため、多少でも高圧的だと感じる上司とはうまくやっていくことができない。それがキャリアの大きな妨げになっている。

この人は、「高圧的な人に対してコントロール不可能なほどの強い怒りを感じる」たびにそれを何度も繰り返し繰り返し意識化することで洞察を深めてきた。このあたりは、精神分析の諸概念から多くを学べる点である。さらにそれにとどまらず、自分が幼少期から「高圧的な父親の態度の理不尽さへの怒り」を感じるとともに、その怒りをエネルギーとして、勉強や部活などで頑張ることができてきたこと、むしろ「怒り」をこころの支えとして、生きるエネルギーを得てきたことにも気づいていく。

ＥＡＭＡでは、このとき、たとえば「怒りのエネルギー」そのものになってダンスを踊る。すると、「怒りのエネルギー」こそ、自分の生きる根源にあって自分を支え続けてきたものであると気づく。「怒りのエネルギー」を感じることができないと、軽いうつ状態になってしまうことすらあると気づくのである。

このように、本人にとって、自分の変化や成長、前進を妨げているとしか思えない「反復される負のパターン」は、それが幾度となく反復されてきたものだからこそ、自分という存在、自分の人生にとって不可欠なものになっていることが少なくない。「怒りをなくしてしまったら、自分が自分ではなくなってしまいます。怒りのない私なんて、もはや私ではないというか……」といった気づきが得られると、そのエネルギーを、自分の人生に不可欠なエッセンスとして自覚的に生きることができるようになるのである。

そのために有益なのが、「立脚点の変更」という方法である。「立脚点」を自分の変化や前進を「妨げているもの」に移し、それに「なってみる」。「なりきる」。それに「なりきったまま」それを視座として世界を見る。その「エッセンス」を自分が自分であるために不可欠なものとして生きていく。ＥＡＭＡでは、このようなアプローチを取るのである。

●フェイズ4　アクションステップ

個人セッションであれ、グループセッションであれ、ワークショップであれ、人生が変わる大切な気づきが生まれることが少なくない。人生で起きるさまざまなことへのアウェアネスが、セッションやワークショップではばつぐんに高まるからである。しかし、そうした「気づき」が生まれ、「私、わかったんです。ようやく気づきました！」となっても、人生が変わらない人がいる。個人セッションやグループセッション、ワークショップでの気づきが、そうした非日常的な場面のみに限定されてしまうのである。学習理論的に言えば、「学習の転移」が起きていない。

私は、ワークの後で次のように言うことが多い。「今のワークで気づいたことをもとに、これから二週間以内に始めることを語ってください。けっして無理しないように。必ず実行できる、小さいことを語ってください」。

なぜ、期間が「二週間」なのか。「二週間以内」に何か小さなことでも実際に始めることができる人は、人生を変えることができる人、「二週間以内」に具体的なことを何も始めることができない人は、結局いつまで経っても人生を変えることができない人。それが、私のこれまでの経験にもとづく実感である。

「二週間」だと、何も実行できずに、「できなかった事実」から自己嫌悪に至って意欲を失ってしまうことが多い。「一カ月」だと長すぎて、何も実行せずに終わってしまう。忘れてしまい、過去のことになってしまう。そのため、「二週間以内に必ずできる小さなこと」を言葉にしてもらうのが、ほどよいのである。

なぜ、「大きなこと」（目標）ではなく、「必ず実行できる小さなこと」を語ってもらうのか。「大きなこと」を語ると、「結局できなかった自分」が嫌になり、自己嫌悪に陥ってしまう。そして「どうせまた次もできないから」と無気力になり、意欲を失ってしまう（学習性無力感）。「確実にできる小さいこと」、たとえば、「一週間以内に原稿を五枚は最低書く」といったことであれば、本人にとって「確実にできること」かもしれない。「確実にできる小さなこと」を積み重ねていくことが、変化への王道である。これを「スモールステップの原則」と言う。認知行動療法から学べることである。

個人セッションであれば、たとえば、面接の終わりに次のように言うことがある。

カウンセラー　今日のセッションを振り返っていただいて、いかがですか。
クライアント　そうですね……他の誰かのためではない、「自分自身のための時間」を大切にすること。このことだと思います。一番大切なことは。
カウンセラー　そうですか……。では、「他の誰かのためではなく、純粋に、自分自身だけのために、この一ヵ月以内におこなうこと」を一つ、決めてください。
クライアント　そうですね……前から行きたいと思っていた〇〇美術館に行くことです。
カウンセラー　なるほど。……では次に……「他の誰かのためではなく、純粋に、自分自身だけのために一週間に一回おこなうこと」を一つ、決めてください。
カウンセラー　なるほど。……では次に……「他の誰かのためではなく、純粋に、自分自身だけのために毎日一回おこなうこと」を一つ、決めてください。

このようにして、「一ヵ月以内におこなうこと」「一週間に一回おこなうこと」「毎日一回おこなうこと」

を、一つずつ決めてもらう。クライアントの話が曖昧であったり、いつするのかわからないときには「それはいつするのですか」「それはどんなことですか」などと質問して具体化していく。そして、「次はいつにしましょうか」と、次回の面接日程を決めてその回を終わりにする。

いかがだろうか。EAMA（体験－アウェアネス－意味生成アプローチ）の実際を少しは具体的にイメージしていただけただろうか。

第6章と第7章では、いよいよ、EAMAの具体的な手順を示す。

第6章　EAMAの具体的なプロセスと方法（前半）――「人生の内的な旅の同行者」となる：EAMAの基本姿勢は「深い、ほんものの傾聴」

ロジャーズをベースに据えたEAMA（体験－アウェアネス－意味生成アプローチ）の基本姿勢は、「深い、ほんものの傾聴」である。クライアントの「人生の同行者」「内的なこころの旅の同行者」となること、この感覚を保ってすべてを展開していくのが、EAMAの基本姿勢である。その基本姿勢は、ロジャーズが、「クライアントが、自己と体験の、内側の最も深いところを探究していく、その同行者となること」（Rogers & Russel, 2002）と言うその姿勢である。EAMAでは、こうした姿勢ですべてのプロセスを進める。これは、個人セッションであろうと、グループセッションであろうと、変わらない。

個人セッションであれ、グループセッションであれ、クライアントはセッションのなかで、内的なこころの旅を歩んでいく。そのなかで、これが「自分のほんとうの歩むべき道だ」という「真の自分自身の道」を求めていく。この孤独な道のりを一人で歩み続けるのは、至難の業である。「同行者」がいてはじめて、その険しい道のりを歩んでいくことが可能になる。EAMAのカウンセラーは、孤独な険しい自己探究の道を歩むクライアントに寄り添う。そのプロセスを支え、促進していく。クライアントの実存的自己探究を支援するEAMAは、「クライアントの内的な自己探究の旅を共にする対話的アプローチ」である。

前半部分が、EAMAの本質の多くを握っている。前半部分の「ほんものの傾聴」は、おおまかに言えば次の八つのステップからなる。

① 「意識のモードを変える」。脱日常的な深い意識モードへ意識を整えたうえで、セッションに臨む。
② 「しっかりとしたつながり」をつくる（プレゼンス）。
③ 「自分を消す」。自分を消し去って、クライアントのこころの世界に自分を完全に投げ入れる。こちらには何も残さない。クライアントに「なる」。「なりきって」「変身する」。クライアントの体験世界に完全に没入する。自分を溶かす。「一つ」になる。「一つ」になって、クライアントのこころの世界を「共に体験する」。共体験。
④ クライアントに「なりきった意識状態」を保ったまま話を聴く。クライアントが内的に体験していることの「エッセンス」をつかむ。クライアントの内側の一つ一つのパーツのエッセンスをつかむ。
⑤ つかんだエッセンスをリフレクトして伝える。カウンセラーは、クライアントの内的体験のエッセンスを、自分の内側を通して、あたかもそれが今その場で起きているかのように、ありありと「現前化」して「映し出す」。クライアントはその時その場で、みずからの体験をありありと感じ直し、体験し直す。体験により深く沈潜し浸《ひた》ることができる。体験が十分に体験されると、次の展開が生まれてくる。

⑥カウンセラーは自分の言葉をクライアントに内側で響かせて確かめてもらう。吟味し修正してもらう。
⑦エッセンスに通じる直観的なイメージを伝える（二重の共感の時）。
⑧両者が納得いくまで続ける。
⑨すべての現象をそのまま受け止める「開かれた態度」を保つ。新たに浮上してきたものをピックアップして、プロセスの展開に活かしていく。

EAMAの①～⑨では、このように、クライアントの心の内側で表現されていることの（内容ではなく）エッセンスをつかむ。クライアントの話の「内容」「気持ち（感情）」「意味（言わんとされていること）」の理解にとどまることなく、話を通じて表現されているクライアントの「存在」のエッセンス、その「在り様」のエッセンス、「人生の在り様」そのもののエッセンスの理解である。それは個を超えた「普遍」「本質」レベルの理解である。それは、ある意味では、その人が何度生まれ変わり死に変わったとしても変わらない「魂の在り様の本質」にまで届く理解である。この深さで理解されると、カウンセラーとクライアントの「関係」は、それ自体意志を持つ主体であるかのように動き始める。

なお、本章と次章においては、「カウンセラー、コーチ、キャリアコンサルトタント」と表記すべきところを、読者の便宜のために冗長さを避けて「カウンセラー」と略記する。また、グループセッションにおいて「自分の人生のテーマや問題について語っているメンバー」は、あくまで「メンバー」であり、個人セッションの「クライアント」とは異なるが、これも、他のメンバーと区別する必要から（いちいち「自分の人生のテーマや問題について語っているメンバー」と表記しては読みにくくなるので）これも便宜上、個人セッション同様に「クライアント」と表記する。

①「意識のモードを変える」。脱日常的な深い意識モードへ意識を整えたうえで、セッションに臨む

これは、あまり言われていないことかもしれない。しかし、一定の「深さ」を持つ良質のカウンセリングや心理療法、コーチングなどの対話的アプローチを、ある程度の年数おこない続けている人は、実はみな心得ていることである。

ある一定の「深さ」を伴った心理面接をおこなう大前提、言い換えれば、クライアントがみずからの「内側の深いところ」を探索していくことができる心理面接の大前提は、「カウンセラーが自分の意識のモードを変性させたうえで、面接に当たっている」ことである。こちら側が浅い「日常的な意識モード」にとどまったまま面接をしていては、クライアント側も同様に、浅い「日常的な意識モード」にとどまったまま、話をすることになりやすい。「もっと売り上げをあげないと」「どうしたら、今の彼女ともっとうまくやっていけるかと思って」「彼氏を結婚させる気にするには、何かうまい方法はないですかね」「上司とうまくやっていきたいんですけど」といった、「日常的な意識モード」で語ることのできる、雑談めいた

話に終始することになりやすい。

EAMAの基本姿勢は、ロジャーズが「クライアントが自己と体験の、内側の最も深いところを探究していく、その同行者となること」（Rogers & Russell, 2002）と言う、その姿勢ですべてのプロセスを進めることである。個人セッションであれ、グループセッションであれ、クライアントはこれから内的なこころの旅を歩んでいく。そのなかで、これが「自分のほんとうの歩むべき道だ」という「真の自分自身の道」を求めていく。EAMAは、「クライアントの内的な自己探究の旅を共にする対話的アプローチ」なのである。

「内的な自己探究の旅」を深いところまで進めていくことは、二人が「日常的な意識モード」にとどまっていたのでは不可能である。「脱日常的な意識モード」とは、日常モードとは異なる、かなり弛緩した、しかし内奥は研ぎ澄まされている、そんな意識のモードである。こうした意識モードにまずカウンセラー自身がなっていく。それができなくては、クライアントもそうした意識モードに変わっていくことは困難である。導く、というのではない。カウンセラーがそうした意識のモードになることで、「面接室」の空気、「場」や「関係性」が、深い内的なことをするのに適したものに整えられていく。そうすることではじめて、ロジャーズが言う「クライアントが自己と体験の、内側の最も深いところを探究していく」体験ができるようになる。カウンセラーはその「同行者」たるにふさわしい者になるのである。この「意識のモード」で聴くことができているか否かが、このアプローチにとってきわめて重要である。それは他学派、たとえば認知行動療法における傾聴ともっとも大きく違う点である。

では、具体的にはどうするのか。

セッションを始める前に、まず、「日常の意識モード」を止める。意識を鎮める。日常の、世間の時間と連動した、浅い、表層的な時間の流れを止める。時間の流れを止め、意識のなかに「スペース」をつくる。そして、その「スペース」の中で、より深い時間の流れへと入っていく。ゆっくり、ゆっくりと意識を深めていって、そこに入っていく。「内側の、深いところに入っていくことができるこころの構え」をつくるのである。そのために、深い呼吸をするのもいいだろうし、フォーカシングやプロセスワークのインナーワーク（ひとりで自分の内面に取り組むワーク）、マインドフルネス瞑想などを五分、十分おこなうのもよいだろう。自分にあった方法でよいので、「内側の、深いところに入っていくことができるこころの構え」をつくるのである。

このような、「脱日常的な、より深い意識のモード」「脱日常的な、より深いこころの構え」をつくる。そうした「意識モード」「こころの構え」に自分を整えてから、クライアントの話を聴いていく。すると、そうした「意識モード」「こころの構え」がセットされた場のなかで、クライアントも安心して、内側の深いところに入っていくことができる。内側の深いところに触れながら、自分のことを語ることができる。カウンセラー自身も安心して、自分の内側の深いところに入っていき、内側の深いところに触れながら、クライアントの話をより深いところで聴くことができる。内側の深いところに触れながら、そこから言葉を発することができる。

この、「内側の深いところに入っていく、意識のモードでの傾聴」。クライアントも、カウンセラーも、

「内側の深いところに触れながら，語ったり，聴いたりできているような，意識のモードでの傾聴」が，EAMAのベースである。

②「しっかりとしたつながり」をつくる（プレゼンス）

次にすることは，しっかりとしたプレゼンス，クライアントと「つながった感覚」をつくることである。ただそこに「いる」ということに全力を注ぐこと，と言ってもよい。

重要なのは，「カウンセラーの在り方」「いかた」である。それ以外はなんら本質的なことではない。ただ「そこに，いる」ということに全力を注ぐこと，このこと以上に重要なカウンセリングの本質は何もない。そこのことをうまく突いたロジャーズの言葉が「プレゼンス（presence）」である。「プレゼンス」について，ロジャーズは次のように言っている。オープンカウンセリング（聴衆の面前でおこなうカウンセリングのデモンストレーション）をおこなうときの心境について語った言葉である。

セラピィの間は，自分がセラピストであることに集中しました——自分を見つめる場合も，他者からの視線に対しても。重要なのは，クライエントと，こころを込めてただそこにいること（present to the client）です。（…中略…）私の内面で進行している中心は，クライエントへの関心，注目，耳を傾けていることです。私は，ただ，こころを込めてそこにいる（I'm very much present）。ただ，このことに集中します。それ以外のことは、さほど重要ではありません。聴衆の前での、デモンストレーションのカウンセリングができるのも、そのためです——どんなに多くの人がいても関係ありません。私には、ただ一人の人しか、いないのです。

そこで生まれてくるのは、つながっている感じ（a feeling of connectedness）です。これは私だけでなくクライエントも強く感じています。二人の間に本当に、ある種の絆が生まれるのです。それは、私がクライアントの内側の世界に完全に入っていく、没入することから生まれてきます。

（Rogers & Russell, 2002）

私はただ、ここにいる。そのことに全力を注ぐ。ロジャーズの言う「つながっている感じ（a feeling of connectedness）」。これを育んでいく。晩年の著作でロジャーズは、カウンセラーが深い意識状態にあるとき、「ただ私がそこにいること（presence）が、人を解放し援助します」と語っている（Rogers, 1980）。そしてそれは、カウンセラーが「クライアントの内側の世界に、完全に入っていくこと、没入することから生まれてくる」ものなのである。

③「自分を消す」。自分を消し去って、クライアントのこころの世界に自分を完全に投げ入れる。こちらには何も残さない。クライアントに「なる」。「なりきって」「変身する」。クライアントの体験世界に完全に没入する。自分を溶かす。「一つ」になる。「一つ」になって、クライアントのこころの世界を「共に体験する」。共体験。

「クライアントの内側の世界に完全に入っていくこと、没入すること」が、カウンセリングにおいてもっとも重要なことだとロジャーズは言う（Rogers & Russell, 2002）。EAMAのカウンセラーもこの境地を目指す。

そのために重要なのは、こちらがいったん「自分を完全に消す」ことである。「自分を完全に消す」ことができていなければ、クライアントの内側の世界に完全に入っていくこと、没入することはできない。「私は」とか、「私が」といった「私」を消すこと。「自分」をいったん消し去ること。

そして、ここが肝心なのだが、クライアントの内側の世界に、思い切って、ふり切って、自分をポーンと投げる。投げ入れる。こちら側には何も残さず、完全に、自分を投げ入れる。

クライアントに「なる」。「なりきる」。なりきって、変身する。クライアントの内的世界に完全に没入していく。自分を溶かして、「一つ」になる。一体化していくのである。

カウンセラーはクライアントと「別々の独立した二人の人間」として「向かい合う」のではない。むしろ「一つ」になって「一体化」し、「同じ方向」を向く。同じ「こころの風景」を見る。クライアントが「人生という道」を歩いているのであれば、それを傍らから見ているのではなく、そばに寄り、同じ方向を向いて「共に歩く」。クライアントが人生という道を、車で運転しているのであれば、それを傍らから見ているのではなく、「自分も車に乗る」。助手席に乗って、同じ方向を見て、同じ景色を共に見る。

クライアントが「穴」に落ちているのであれば、カウンセラーも共に「穴」に入る。「穴」に引きずり込まれるのではない。カウンセラー自ら、「穴」の中に入っていく。いっしょに「穴」に入って「穴」の中からクライアントと同じ人生の景色を見る。

こうして「人生という道」におけるクライアントの体験を「共に体験する」。「共体験」するのである。こうした在り方をもっともよく体現していたと思われる四十代後半のロジャーズは、こうしたカウンセラーの在り方について、「インパーソナリティ（impersonality）」という言葉を用いて説明している。ロジャーズは言う。「あなたの役に立つために、私は自分を排除するでしょう。普通のやりとりをおこなっているときの自分を排除するのです。そしてできる限り、完全にあなたの知覚の世界に入っていきます。私は、あなたにとって、もう一人の自分になっていくのです」（Rogers, 1951）。

自分を消すこと。通常の自分を排すること。クライアントから見て「この人は、もう一人の自分だ」と思えるような存在になること。自分を消して、相手になりきること。完全に相手の視点に立って、ものごとを見ること。そこに、ロジャーズはカウンセラーとしての理想像を見ていた。

そして、このような、自分を消すカウンセラーとしての在り方を「インパーソナリティ」（強引に訳すなら「無人格」ないし「非人称性」）という言葉を使って説明している。面白いことに、この「インパーソナリティ」という言葉は、もともとロジャーズ自身の言葉ではなく、エット夫人という若い女性のクライアントが話した言葉なのである。クライアントの言葉のなかに、ロジャーズは自分の面接スタイルの本質を見出したのである。該当箇所はこうである。（Rogers, 1951）

エット夫人　……〔中略〕……つまり先生は——そう、ほとんどインパーソナル（無人格）なんです。……〔中略〕……私、これまでに誰ともこんな関係は持ったことがなかったので、そのことを時々考えていたんです。

ロジャーズ　たしかに、たいていの関係とはまったく違ったものですよね。

エット夫人　ええそうですね——でも、私の関係——私たちの関係、とは言えませんね。なぜって、たしかに先生は私に何も与えてくださらないですから。だから私たちの関係、とは言えませんけど——先生との私の関係はとても魅力的です。私がそれを楽しめるのは、とても純粋なものだからです。ええと、インパーソナルで、性的でなくて、すべてが穏やかで。先生はまるで、救命ブイのような存在ですね。

ビューティフル！　そう叫びたくなってくる。エット夫人は、セラピィ終了後、驚くほど何度も「インパーソナリティ」という言葉を使ってロジャーズのカウンセリングの特質を言い表そうとしたという。

エット夫人は、ふだんの人間関係においては、自分のことを話していくと、次第に相手に恐れを感じるような傾向があった。けれども、ロジャーズとのカウンセリングにおいては、そのような感情はまったく起こらない。ロジャーズとの関係のこの特殊性を言い表そうとして、エット夫人は「インパーソナル」という言葉を使ったのである。

コメントのなかでロジャーズは、ここでエット夫人は、「カウンセラーという一人の人間（person）が——自分自身の欲求を持ち、評価したり反応したりする一人の人間としてのカウンセラーが——消えている、というユニークな体験」を言い表そうとしたのだと指摘している。このとき、ロジャーズは、クライアントのこころの内側に入り込み、それを正確に映し出す「鏡」となることに徹している。クライアントにとっての「もう一人の自分」になりきっていたのである。

別の個所では、「この関係全体がクライエントの自己によって構成されていて、一方カウンセラーのほうは『クライアントのもう一人の自分』になるというセラピィの目的のために脱人格化（depersonalaize）している」とも言っている。「脱人格化（depersonalaize）」とはつまり、自分を消している、ということである。

EAMAもこれを目指す。「私」「自分」をいったん消す。クライアントの内面世界に自分を完全に投げ入れる。自分を溶かして、没入していく。クライアントの内面世界に完全に没入していき、「一つ」になり、クライアントと同じ視点に立って、ものごとを見ていく。クライアントに「なりきる」のである。

④クライアントに「なりきった意識状態」を保ったまま話を聴く。クライアントが内的に体験していることの「エッセンス」をつかむ。クライアントの内側の一つ一つのパーツのエッセンスをつかむ。

EAMAでも、リフレクション（伝え返し）をおこなう。しかし、一般に理解されているのとは少し異なるやり方で、である。どんなふうに違うのか。

一般の「リフレンクション」は、「伝え返し」「反射」と訳されるように、「相手の話の内容」を「〇〇ということですね」「〇〇ということでしょうか」と返して、確認していく。あるいは、

クライアント　苦しくてたまらないんです。
カウンセラー　苦しくて、たまらないんですね。

といったように、相手の「気持ち」を伝え返す（感情の反射）。あるいは、

クライアント　何とか、次の一歩を進めたいんです。そうしないと、埒《らち》が明かないというか……。
カウンセラー　もうこのままでは埒が明かない。このままでは展開が見えない、というわけですね。

といったように、相手の話で表現されていく「意味」（言わんとされていること）を伝え返す（意味の反射）。このように考えられている。もちろん、これらも重要な意味を持つ。EAMAでもこうした通常の「リフレクション」もおこなう。しかし、EAMAの「リフレクション」は少し違う。何が違うのか。

一般の「リフレクション」では、カウンセラーとクライアントはそれぞれ別で「一定の距離」を取って、Aという人間が、Bという別の人間が表現していることを、言葉にして返していく作業だと考えられている。EAMAでの「リフレクション」は、もっと距離が近い。カウンセラーとクライアントが「一つに溶け合っている感覚」「一つになり、一体となっている感覚」を大切にする。カウンセラーは「自分を消す」。自分をいったん完全に消して、クライアントの内面世界に入っていく。クライアントの内面世界に、自分を完全に溶かし込んでいく。一体化する。クライアントに「なる」。「なりきる」。変身する、と言ってもよい。そういう感覚を保持しながら、クライアントの話を聴き、内的体験のエッセンスをつかむ。クライアントの内側にいくつかのパーツが想定されるときには、それぞれのパーツのエッセンスをつかむ。つかんだ内的体験のエッセンスを、カウンセラーはあたかもそれが今、その場で起きているかのように、ありありと「現前化」して「映し出す」。そのようにして「リフレクトして（映し出して）」いく。クライアントはそこに自分の体験世界のエッセンスが「映し出されている」のを見る。共に体験する。

自分を完全に消し、クライアントの内側の世界に自分を溶かし込んでいく。クライアントの内側の世界に没入する。EAMAのカウンセラーは、自分を消して、クライアントが自分の内的世界をそこで共に味わい、共に見るための「道具」であることに徹する。

クライアントとカウンセラーが正面で向き合い、一定の距離を保って「あなたの話を聴きましょう」というのではない。むしろ、カウンセラーは、クライアントの隣にいて、同じ方向を向いている感覚である。クライアントの隣にいて、クライアントと同じ方向を向いて、クライアントの内的世界の「こころの旅」をいっしょにしているような、そんな感覚である。まさにクライアントの内的なこころの旅の「同行者」となるのである。

いっしょに旅をしている感覚。横に並んで、一つになって「クライアントのこころの旅」「クライアントの人生という旅」をいっしょに体験しているような、そんな感覚である。横にならんで、一つになって、同じ方向を向いて、同じ景色を見ている。「クライアントのこころの旅」「人生の旅」という映画作品をいっしょに見ている。そんな感覚と言ってもいい。クライアントが「穴」に落ちているのであれば、カウンセラーもいっしょに「穴」に入る。いっしょに「穴」の中にいて、共に「穴の体験」をするのである。追体験ではなく、「共体験」。共に体験する。通常の傾聴よりも、ずっと距離が近くて、一つに溶け合い、一体化している。同じ方向を、向いている。同じものを見ている。クライアントの語る内的な世界を共に味わい、そこでつかんだエッセンスをありありと映し出すように言葉にしていく。

カウンセラーは、「もう後には戻れない。引き下がることはできない。だけど、後ろには多くの敵がいて、周囲は鉄柵……みたいな、そんな、どちらにも行くに行けない。でも、行かなくてはいけない……」と、クライアントの内的世界に完全に没入し、クライアントが体験しているのと同じ体験をする。クライアントが見ているものと同じものを見る。クライアントが聞いているのと同じものを聞く。クライアントが感じているのと同じことを感じる。そこで見えているこころの世界の「エッセンス」、そこで「表現されているもののエッセンス」を言葉にして返していく。

この意味で、EAMAの「リフレクション」は、(「伝え返し」ではなく)「映し出し」と訳すほうが近いかもしれない。クライアントに見えているものと同じものを、同じ方向を向いて見て、クライアントに聞こえているものと同じものを、同じ方向を向いて聞いて、クライアントに感じられているものと同じものを、同じ方向を向いて感じていく。そこで見えてきたもの、聞こえてきたもの、感じられたものの「エッセンス」をつかんで、それをあたかも今、それが目の前で起きているかのように、ありありと「現前化」して「映し出す」のである。するとクライアントは、自分の内的体験のエッセンスをその時その場でありありと感じ直し、体験し直す。

EAMAのリフレクションでは、「～なんですね」とは言わない。これは相当に距離のある言葉である。確認作業である。そうではなく、EAMAは、クライアントと一体化し、同じ方向を向いた状態で、見えてきたもの、聞こえてきたもの、感じられたものの「エッセンス」をあたかも今それが眼前で起きているようにありありと「現前化」し、「映し出す」ようにして言葉にしていく。そのエッセンスを感じながら「ふと言いたくなったこと」をカウンセラーは言葉にしていく。するとクライアントは、そこにまさに、自分の人生、自分自身の「エッセンス」が映し出されているのを「見る」。自分という人間、自分という存在の在り様、自分の生き様のエッセンス、それがそこに映し出されているのを見る。

するとクライアントは、自分という人間の本質、自分という存在の本質、自分の生き様の本質が届いた、響いた、わかってもらえた、と感じる。単に「話をわかってもらえた」「気持ちがわかってもらえた」というのではない。自分という人間の本質、自分という存在の本質、自分の生き様の本質が届いた、響いた、わかってもらえた、と感じる。これがEAMAの「リフレクション」である。

つまり、EAMAで「リフレクト」し、「映し出す」のは、単にクライアントの「話の内容」だけではない。「気持ちや意味」ではない。クライアントという人間の本質、その存在の本質、その生き様の本質を「リフレクト」する。「映し出す」。クライアントはそのレベルでの、届いた、響いた、わかってもらえた、という体験をする。

これは、通常のカウンセリングやコーチング、キャリアコンサルティングの「反射」「伝え返し」と異なるように感じられるかもしれない。クライアントとの「一体感」「融合感」を伴った、エッセンス・レベルでの「リフレクション」である。通常、ロジャーズの方法と思われている聴き方と違うように思われるかもしれない。しかし、ロジャーズ自身はこう言っている。「クライアントの内側の世界に、完全に入っていく。没入する」のだ、と。カウンセラーは、クライアントにとっての「もう一人の自分（alter ego）」になるのだと説明している箇所もある。（Rogers, 1951）

クライアントの内側の世界に完全に入っていく。没入する。クライアントにとっての「もう一人の自分」になる。EAMAは、ロジャーズの言っていることを字義通り、愚直にやる。

つまり、「一般にロジャーズの方法と理解されているもの」（その多くは、私から見れば浅薄な誤解である）はしない。そうではなく、「ロジャーズ自身が言っていること」をそのまま愚直にやる。その意味でE

AMAは、「ロジャーズ原理主義」である。ロジャーズの言っていることを文字通り、実践するのである。自分を消し、クライアントの内的世界に完全に没入する。溶かし込む。クライアントと同じ方向を向き、クライアントに見えているものと同じものを見て、クライアントに聞こえているものと同じものを聞く。クライアントに感じられているものと同じものを感じる。まさに、「クライアントになる」。「なりきる」のである。そしてそこで見えてきたもの、感じられたもの、つかまえたもののエッセンスを、あたかも今それが目の前で起きているかのように、ありありと「現前化」し「映し出す」ようにして言葉にしていく。これはある種のシャーマニスティックな体験であり、クライアントが憑依してくるのに似た体験であると言ってよいかもしれない。クライアントの alter ego になる、「もう一人のクライアント自身になる。なりきる」とは、そのような体験である。

ロジャーズの言う empathic understanding は、一般には「共感」と訳されているが、クライアントの内的世界への「自己投入的理解」とか、クライアントの内的世界への「自己没入的理解」と言ったほうがよいかもしれない。そこで、クライアントの内的世界のエッセンスを共に体験する。そして、浮かんできた言葉をぽつりと言葉にするのである。

傾聴は、「正確さ」も重要である。ジェンドリン（Gendlin, 1974）の見るところ、クライアント中心のカウンセラーのリフレクションの実に九〇%以上は「単なるおおまかな要約」にしかなっていない。ぴったりした正確さに欠ける。これでは「傾聴になっていない」とジェンドリンは言う。クライアントは自分の感じていた軌道（体験的軌道）から逸れていってしまう。よい傾聴、よいリフレクションのためには、

①ぴったりした正確さと，②クライアントに自分の内側を感じ，カウンセラーの応答を吟味・修正する責任があることをわかってもらうという二点の修正が必要だとジェンドリンは言うのである。

クライアント中心療法のカウンセラーの傾聴の九割が，実際には，ただの「おおまかな要約」になっている。そのためクライアントを「感じていることの軌道，体験的な軌道から逸らしてしまっている」。それでは傾聴になっていない。ジェンドリン（Gendlin, 1974）のこの指摘に耳を傾けるべきである。

EAMAの傾聴のリフレクションは，クライアントの言わんとしていることを「○○なんですね」と「要約」して伝え返し，クライアントに「確認」してもらう「通常のリフレクション」ではない。EAMAのカウンセラーは，クライアントの内的体験のエッセンスを，あたかもそれが今，その場で起きているかのようにありありと「現前化」して，「映し出して」いく。それを聴くことで，クライアントはその時その場で「自分の体験を自分の内側でありありと体験し直し，感じ直す」ことができる。そうしたリフレクションである。

⑤つかんだエッセンスをリフレクトして伝える。カウンセラーは、クライアントの内的体験のエッセンスを、自分の内側を通して、あたかもそれが今その場で起きているかのように、ありありと「現前化」して「映し出す」。クライアントはその時その場で、みずからの体験をありありと感じ直し、体験し直す。体験により深く沈潜し浸ることができる。体験が十分に体験されると、次の展開が生まれてくる

ＥＡＭＡのカウンセラーは、クライアントが体験していることのエッセンスをつかんであたかもそれが今その場で起きているかのようにありありと「現前化」して「映し出す」。たとえば、次のように言うかもしれない。

カウンセラー　あぁ、なんとかかんとか、これまでやってきた。一本の細い、細い、橋の上を、落ちないようにしながら、なんとか渡ってきた。とても、とても、狭い橋の上を。落ちたりしたら、下は血の池地獄。とても生きていけやしない。そんな思いでこれまでずっと、生きてきた。そして今も、今日も、この時間も、ずっとそんな感じでいる。怖いよ。怖いよ。落ちたら終わりだよ

ＥＡＭＡでは、こんなふうに、「クライアントと一つになった意識状態」「深い共体験の意識状態」を保

ちながら、そこで出てきた言葉、イメージ、動作、音…それを相手に「リフレクト」していく。まさに今、そこで起きているかのように、ありありと「現前化」し、「映し出して」いく。クライアントの「人生という作品」の映写機になったかのような姿勢で、あるいは、場合によっては、自分自身もクライアントという「人生という作品」の登場人物になったかのような姿勢で、それを言葉にして伝えていく。

すると、クライアントはその時その場で、みずからの体験を感じ直し体験し直す。みずからの体験により深く沈潜し、浸ることができる。自分の体験に浸りきって、うっすらと体験していた体験をより十分に体験し、体験し尽すことができる。

たとえば、「あー、もうすべてどうでもいい」と言うクライアントに対して、カウンセラーが「あーどうでもいい。本当にどうでもいーい。あーあ、ほんっとに、もーどーでもいーい。どうでもいーい」と返す。クライアントはみずからの「ぜんぶどうでもいい」という体験により十分に浸り、浸りきることができる。新たな動き（ステップ）はそこから生じる。「すべての体験には、さらなる前進的展開が暗に含まれ暗に示されている」（Gendlin, 1996）からである。「体験が十分に体験される」ことから、次の展開が生まれてくるのである。

リフレクト（伝え返し）する際、次のようにして、クライアントの内側のいくつかのパーツのエッセンスを、カウンセラーが自分の内側で感じ取り、ありありと「現前化」して返すとよいことも多い。①クライアントの内側に「一つ一つのパーツ（下位部分／下位人格）」を想定し、②その一つ一つのパーツに「なりきり」、そのエッセンスをつかんで、③その一つ一つのパーツのエッセンスをカウンセラーは自らの内側で感じ取り、ありありと「現前化」して「映し出す」のである。

たとえば、クライアントの内側に、「今の仕事はもう無理。職場に居場所はない」と思っている自分の部分、けれど「もう二十年もやってきた。若い人には負けない」と思っている自分の部分、「悩みすぎて疲れてしまった。もうどうにでもなれ」と思っている自分の部分、この三つのパーツが見て取れたとする。カウンセラーはこの三つ部分の一つ一つに、それぞれ「なりきり」、そのエッセンスをつかんで、自分の内側でありありと「現前化」するようにして、リフレクトするのである。

カウンセラー　もうやっていけない。もうダメだ。もう私の居場所はない……いや、やっていける。もう二十年もやってきた。若い人にはできないこともできる……もう疲れた。悩んで悩んで悩み過ぎて……もう悩むのにも疲れた。……もうどうでもいい……。

このように返すのである。そのほうがたとえば「そうですか。もう自分の居場所はないように感じるんですね。二十年もやってきたのに。そして、もう悩むことに疲れてしまっているような感じなんですね」と、「言わんとされていること（意味）の要約」を返されるより、クライアントが自分の体験していることを自分の内側でありありと体験し直し、感じ直すのに有益である（クライアントの内側にいくつかのパーツを想定し、それぞれのパーツが意思を持ち、声を発しているように見て取るこの考えは、後述するメァーンズの「コンフィギュレーションズ」の考え（本書一六七－一六八）、ジェンドリンの「クライアントの内なるクライアント」、ミンデルの「一次プロセス」「二次プロセス」「エッジ」などの概念にヒントを得た）。

⑥カウンセラーは自分の言葉をクライアントに内側で響かせて確かめてもらう。吟味し修正してもらう

カウンセラーはまた、自分の言葉やイメージや音や動作がしっくりくるかどうか、クライアントに、自分自身の内側に響かせて確かめてもらう。ぴったり、しっくりくるかどうか、内側に響かせて「確かめて」もらう。少し違ったら、その微妙なニュアンスの違いを修正してもらいながら進めていく。時折、カウンセラーのほうから「どうかなぁ。ぴったり、しっくりくるかなぁ」「内側で響かせてみて、ちょっと違ったら教えてほしいんだけど」と言うかもしれない。ロジャーズは、こうした進め方のことを（状態としてのエンパシーと区別して）「プロセスとしてのエンパシー」と呼ぶ。ロジャーズは言う。

エンパシックと表現できるようなありようで、相手とともにいることには、いくつかの側面がある。エンパシックであるとは、相手の私的な知覚的世界に入り込み、完全にくつろいでいることを意味している。

エンパシックであるとは、この瞬間瞬間、相手の内側に流れる、感じられた意味を感じ取ることで

ある。それが、恐れであれ、怒りであれ、やさしさであれ、困惑であれ何であれ、その他者が体験しつつあることを感じ取ろうとするのである。

エンパシックである、とは、一時的に、相手の人生を生きることである。評価をしたりせずに、相手の人生のなかを繊細に動き回ることである。その人が、ほとんど気づいていない意味を感じること、しかし、その人の気づきにまったくのぼっていない感じはまだ明るみに出さないことを意味する。なぜならそれは、あまりに脅威でありうるからである。

エンパシックであることには、相手の世界を、自分が新鮮な恐れのない目で、どのように感じとっているのかを伝えることが含まれる。

エンパシックであるとは、自分の感じとったことの正しさについて、相手と共につねに検証すること、相手から受け取った反応につねに導かれていくことを意味する。

エンパシックであるとは、相手がその内側で体験しつつある流れに含まれている意味を指し示すことである。それによって、その相手自身が、体験流というこの便利で有益な参照体に意識の焦点を当てるように助け、その意味を十分に体験し前進していくことができるようにするのである。

エンパシックであることは、しばらくの間、自分の視点や価値観を脇に置いて、偏見を持たずに、相手の内側の世界に完全に入り込むことを意味している。

(Rogers, 1975)

ロジャーズの言う「エンパシックであること」は、一時的にであれ、クライアントの内的世界に完全に入り込み没入し、クライアントとなって、クライアントと共に、「クライアントの人生を生きる」ことなのである。そして、その意識状態で感じ取ったことをクライアントに伝えて、クライアントに内側で響かせて吟味修正してもらうのである。

筆者は、『ロジャーズ主要著作集』（2005）全三巻の訳者の一人である。今であれば違った訳をすると思う主要なタームがいくつかある。その一つが、reflection（今なら「伝え返し」ではなく「リフレクション」と訳す）である。また一つが、「エンパシックな理解」である。ロジャーズの言うエンパシックであることの深さが、十分に理解されない原因の一つは、この言葉を「共感」と訳してしまったことにあるかもしれない。

日本語の「共感」をふつうに受け取ると、「いや、ほんとう、わかります」「私も同じように感じます」といったことである。これは「同感」とそう違いない。

ロジャーズの言うエンパシー（empathy）は、上述の記述でもわかるように、自分をいったん捨てて、相手の内側の世界に完全に入り込み、そこに立脚点をシフトさせて、相手自身に完全になりきり、そこから世界や人生を眺め直してみるような、かなりダイナミックな行為である。これは、「共感」という言葉のニュアンスとはかなり遠い。（かつて『ロージァズ全集』の訳などで用いられていた）「感情移入的理解」というのとも異なる。自分をいったん捨て去って、相手の内側の世界に完全に入り込む、というニュアンスが伝わらない。今であれば、ロジャーズの「エンパシックな理解」（empathic understanding）を、「自己投入的理解」とか「自己没入的理解」などと訳すかもしれない。少なくとも、「共感」などという、わかったつもりになりやすい平易すぎる言葉で訳すよりは、まだこちらのほうがよいかもしれない。いずれにせよ、ロジャーズの言う「エンパシー」「エンパシックな理解」とは、通常「ロジャーズの方法」とされて広まっているものとだいぶ異なることは理解されよう。

自分をいったん完全に消す。相手の内側の世界に入り込む。そこに自分を没入させる。溶かす。相手の内側の世界に完全に入って、相手に「なる」。「なりきる」。それは、ロジャーズの先の言葉で言えば、「一時的に相手の人生を生きること」である。相手に「なりきる」。相手に「なりきって」、自分もその人生をいっ、い、い、共に生きていっ、いるような、そうした体験をすること（共体験）である。

そして、「そうしたなりきった意識状態」を保ったままクライアントの話を聴きながら、そこで得た相手の内的世界のエッセンスについての理解を相手に伝える。「○○」なんですねと、ただ「要約」して相手に「確認」するのではない。相手の内的世界のエッセンスを、あたかも今それがその場で起きているかのように、ありありと「現前化」して「映し出す」。クライアントはその時その場で自分の体験をありありと感じ直し、体験し直す。クライアントに自分の内側で響かせてもらい修正してもらいながら、よりぴったり、しっくりくるように微調整していく。そんなふうにしながら、共にその内的な世界のプロセスを歩んでいく。

これは、フォーカシング指向的なカウンセリング、フォーカシング指向療法に近いとも言える。インタラクティブ・リスニング&フォーカシングでいう「アズティーチャー方式の聴き方」である。「アズティーチャー方式」では、話し手が「教え手」となり、聴き手側からの応答を自分の内側で響かせて、吟味し、修正しながら進んでいく。ジェンドリン（Gendlin, 1996）の言う「インワード・チェッキング（inward checking）」である。そのプロセスを主体となってリードするのは、カウンセラー側（聴き手側）ではなく、クライアント側（話し手側）である。したがって、カウンセラーにとってもっとも役に立つクライアントからの反応は「えーと…というのとはちょっと違って…」「…というよりも、ん…」である。ぴったりした言葉をカウンセラーとクライアントがいっしょに探していく雰囲気が望ましい。

⑦エッセンスに通じる直観的なイメージを伝える（二重の共感の時）

カウンセラーは、クライアントの内側の世界に完全に入っていく。没入する。クライアントに「なりきった」感覚で話を聴く。二人の間には、「一体化」し、「一つになっている」感覚、「一つになって、共に内的世界を旅している」感覚が強くなってくる。こうして、クライアントに完全になりきれているときにふと生まれてくるイメージや直観は、もはやセラピストのなかからだけ生まれたものではない。それは、二人が混合一体となっているところから生まれてくる、リアルなものである。そして、それがあるリアリティを持つならば、それをクライアントに伝えていくことは、ときとして大きな意味を持つ。

実際のカウンセリングでも、たとえば次のようなことがある。クライアントの話を虚心に聴いていると、そのこころの世界の深さに、こちらもググググーーッと吸い寄せられるように深く入っていく。その世界にしばらく浸っていると、なぜかふと何度も、同じイメージが浮かんでくる。そんなとき、次のように伝えてみるのである。

「お話をお聴きしていると、同じイメージが何度も浮かんでくるんです……それは……こんな感じです。真っ暗な闇の中を一人、ぽつんと歩いていると……そこに一匹の蛍がすっと現れて……そこにいる誰にも気づかれないような仕方で、とても静かに、すっと現れて……あたりを一瞬、ほのかに、けれど、とても明るく、照らしてくれる……ほんの一瞬のことです……そして、それが終わったら、その蛍は……何か自分の役割はもう終わった、という感じで、また、誰にも気づかれないような仕方で、スッと消えていく……そんなイメージなんです……」

こんなふうに、カウンセラーがクライアントの話をクライアント自身になりきって虚心に聴いているうちに、その話のエッセンス、あるいは、その話を超えて、クライアントその人自身のエッセンスについて、自分の内側の深いところからふと浮かんできたことを、自分自身にとってリアリティがあるならば、そしてこのことを伝えてみることはクライアントにとっても意味があることではないか、と思えたならば、そこで出てきたことを、ふとつぶやくように言葉にして伝えてみる……。ただ浮かんできた「内容」を「伝える」のではない。あたかもそれが今その場で眼前で起きているかのようにありありと「現前化」して「映し出す」。クライアントはその時その場で自分自身をありありと感じ直し体験し直す。そのようにして伝えられた言葉、イメージ、動作、音などが、ほかの仕方ではとてもできなかった仕方で、クライアントのこころの深いところに伝わっていくことがある。

そこで起きているのは、「このカウンセラーと、このクライアント、この二人でなければ不可能であった、深いところでのこころの響き合い」である。それは、クライアントによって語られていることの「エッセンス」へのエンパシックな応答である。単なる「感情のリフレクション」や「意味のリフレクション」ではない。クライアントの話の「エッセンス」への応答、さらにはそれを超えて「クライアントの在り様」「クライアントの生き様」そのものの「エッセンス」への応答である。

クライアントはしばしば、「あぁ、この人は、私の在り様そのもののエッセンスをわかってくれた」「この人は、私の人生のエッセンス、私の生き様のエッセンスをわかってくれた」と思う。「このレベルで私のことをわかってくれる人は、他にはなかなかいない」と思う。

クライアントの存在の核（コア）と、カウンセラーの存在の核（コア）とが、ダイレクトにつながっている感覚が生まれる。これは、「カウンセラーとクライアントの、内側の世界が一つに溶け合い響き合う傾聴」「クライアントが、単に話の内容だけではなく、話を通してそこに表現されている自分のこころの世界のエッセンス、存在そのもの、人生そのもののエッセンスをわかってもらえた。感じ取ってもらえた。伝わった。そう思える傾聴」である。「ある意味では、このカウンセラーは、自分よりも自分の体験していることの本質をより深く理解している」と思える瞬間が訪れる。このとき、クライアントのこころの内側で、それまで閉ざされていた何かが開かれはじめる。

これは言わば、「ディープ・インタラクティブ・リスニング」とも呼ばれるべきものである。これを学ぶには、「インタラクティブ・フォーカシング&リスニング」の方法が有益である。このトレーニング法についてはぜひ、前著『はじめてのカウンセリング入門（下）――ほんものの傾聴を学ぶ』（諸富、2010）をお読みいただきたい。

重要なのは、「二重の共感の時（double empathic moment）」である。カウンセラーは、「クライアントはそれはどんなことだったと自分の内側で感じているか、そのエッセンスのようなものを感じ取って、それを何かの言葉やイメージ、動作、ストーリー……それにぴたりとくるもので表現する」のである。

「二重の共感の時」では、カウンセラーは、「自分を消して相手の内側の世界の奥深くに沈潜する状態」「相手に完全になりきっている状態」から、ふと浮かんできて、フワーッと広がっていくイメージや言葉、動作、ストーリーなどを膨らみのあるかたちで伝えていく。「私の深いところでは、あなたの話を通して語られていることのエッセンスがこんなふうに響いて、こんなふうに広がっていきました」と、自分の内側深いところから生まれてきた言葉、イメージ、動作などを膨らませながら、あたかも今、それが眼前で起きているかのように、ありありと「現前化」し「映し出す」ようにして伝えていくのである。

カウンセラーは、自分を無にして、クライアントの話を通して表現されているクライアントの「存在のエッセンス」（「在り様のエッセンス」）、「生き様のエッセンス」（「人生の在り様のエッセンス」）を自分の深いところでとらえる。それが言葉、イメージ、動作、音といった形をとって自然とフワーッと広がっていくのをクリエイティブに伝えていく。五感のほか、からだの感じ（ボディセンス）、想像力、直観力、直覚などをフルに総動員していく。それはしばしば、クライアント側に深い「たましいの響き」を生じさせないではいない。

そこで伝わるのは、クライアントの話の「内容」や「感情」「意味」の理解ではもちろんない。話を通じて表現されているクライアントの「存在の在り様」「人生の在り様」「生き様」のエッセンスの理解、把握である。それは個を超えた「普遍」「本質」レベルの理解である。ある意味では何度生まれ変わり死に変わっても変わらない「魂の在り様」の本質にまで届く理解である。この深さで理解されると、カウンセラーとクライアントの「関係」は、それ自体一つの意志を持った主体であるかのように動き始める。

⑧両者が納得いくまで続ける

以上のプロセスを、両者が納得のいくまで十分に展開していく。もちろん時間の枠の制約はあるが、時間の許す限り、十分に展開していく。

⑨すべての現象をそのまま受け止める「開かれた態度」を保つ。新たに浮上してきたものをピックアップして、プロセスの展開に活かしていく

カウンセラーも、クライアントも、安心して自分の深いところに触れながら語り、自分の深いところに触れながら聴くことができている。そうした「意識のモード」でカウンセリングをおこなっていると、そ

こにおのずと生まれてくるのは、カウンセリング中に面接室の中で起きてくるすべての出来事へと意識が開かれていくような、こころの構えである。

カウンセラーは、クライアントのこころの奥から発せられてくるこころの声に耳を澄まして、二人があたかも一人になったかのような姿勢で聴いていく。そればかりではない。カウンセラーは、同時にまた、自分を消してクライアントになりきって話を聴いていくときに、自分自身の心の深いところで発せられてくるさまざまな声や動きにも、ていねいに繊細に耳を澄ませていく。クライアントの心の内側から発せられてくる声に虚心に耳を傾けながら、その時同時に自分自身の内側から発せられてくる心の声にもていねいに意識を向けていく。

そしてさらには、カウンセリング空間に漂っているすべてのもの――カウンセラー自身の「身体感覚」、クライアントの内面世界に入り込んでいると「ふと生じてきたイメージ」、面接室の中をぼーっと見ていると「突然見えてきたイメージ」や聞こえてきた「音」、突然わいてきた「直観や衝動」、なぜかふとしたくなった「動作」、理由もなく生じてきた「違和感」や「なぜかその場に漂う、空気や雰囲気、違和感」、あるいはまた「カウンセリングルームに向かう道すがら、なぜか妙に気になった看板」や、「セッション中に突然部屋の中に入ってきたトンボ」や「昨晩自分の夢のなかに出てきた、得体の知れない男」――こうした、面接過程で生じてきた「すべてのもの」に、ただ等しく無条件に意識を向けていく。そこで立ち現れ浮上してくるすべてのものに、開かれた態度を保持する。

これは「○○の意味がある」とか、「○○が原因だ」といった解釈を加えることをせず、これらのすべてにただていねいに意識を向けていく……そして、そこから何かが（連想やらイメージやらが）おのずと生まれてくるのを「待つ」。そこで生じるすべてのことに開かれた態度を保ちながら。セッションで起きているすべてのことにただ意識を向け、自覚の目を向けていく「現象学的な姿勢」を保つのである。

「セッションの中で生じるすべてのことにていねいに意識を向け、そこに存在しているすべての声に等しく耳を傾けていく姿勢」「すべてのことに開かれた態度」「現象学的な姿勢」を保つのである。そしてそこから、ふと気になるもの、これは意味があると思える重要な現象に着目し、それをピックアップする。そして後半での展開につなげていくのである。

●一回目の個人セッションを終えた、あるクライアントの感想

「セッションのなかで生じてきたすべてのものに等しく意識を向けていく」姿勢。EAMAでは、こうした無条件・無選択の関心を大切にする。それがどのような影響を与えるか。一回目の個人セッションを終えたばかりの、あるクライアントの感想を紹介しよう。

あの後の私は、あえて一言で言ってみると、「開かれた感じ」がしています。まさに、「蓋が取れた」感じ、です。……そういえば、「蓋」はどこに行っちゃったんだろう……。

そして、自分のことが好き（?）になっている気がします。「好き」というと、ちょっと違うかもしれません。うまく言えませんが、〝あの〟感じです。雲の上に立ってハミングしながらダンスしてい

る、自分のような自分じゃないような、あの「誰か」な感じ。

「〇」とか「×」とか無い世界。「好き」とか「嫌い」とか、「良い」とか「悪い」とか、そういう尺度が無い感じ。「比較」の無い感じ。といって、何でもかんでもがそこここに溢れかえって、「全部OK！」という感じでもない。全部あると、スペースがなくなって窮屈な感じがします。そうではなく、とてもシンプルな、そう……「空（くう）」な感じ。そうですね、「無」というより、何か「在る」んだけど「無い」感じ。

不思議な、とても心地よい感じです。とても穏やかな、とても好ましく感じている自分を感じます。自然と微笑みがこぼれ落ちる感じ……。生まれたての赤ちゃんのような感じ。自分を縛りつけていた、世の中のさまざまな概念とか思いこみとかいう縄が無くなった感じ。といって、生きる術を無くして無防備になったわけでもない。そういう意味では、赤ちゃん同様ではないです。

現実社会を生きていくうえでは、誰にでも「何でもOKよ」などと言えない、言ってはいけない場面もある。そんな分別がちゃんと残っていることに感謝しています。

日々の忙しさは変わらず、肉体的にはストレスフルですし、上司と戦うほどの活力や、力強い自信が生まれてきたわけでもない。けれど、なんとなく身体が軽いような気がします。そのくらい、あの「蓋」は重くのしかかっていたのです。

セッション後しばらくは、「何も必要としない」「何も欲しない」「ただこのスッキリした感じのままでいることの清々しさ」、そんな状態を楽しんでいました。その後しばらくすると、その他にも、自分が持っている思い込みや、他者に対する批判の心や自分の感情が、今までより、よりクリアに見えてきたように思えてきました。客観的に見えるというか、それによって一喜一憂しない状態で、それらが見えてきたというか。そうしたら、これらに取り組みたくなったのです。もっと自分を知りたい。もっと自分に向き合いたい。

それが、難しいとか、苦しいとか、思えなくなっているのです。何が出てきても、嫌な自分が出てきても、哀しい自分が出てきても、「そうだよね〜、わたし、あるある」そんなふうに自分に言える感じです。

第7章　EAMAの具体的なプロセスと方法（後半）――クライアントのなかから自発的に生じてきたプロセスを十分に展開する：EAMAとは、「体験を十分に体験すること」

EAMAの前半部分は、「深い、ほんものの傾聴」である。
それは、次の九つのプロセスからなっていた。

①「意識のモードを変える」。脱日常的な深い意識モードへ意識を整えたうえで、セッションに臨む。
②「しっかりとしたつながり」をつくる（プレゼンス）。
③「自分を消す」。自分を消し去って、クライアントのこころの世界に自分を完全に投げ入れる。こちらには何も残さない。クライアントに「なる」。「なりきって」「変身する」。クライアントの体験世界に完全に没入する。自分を溶かす。「一つ」になる。「一つ」になって、クライアントのこころの世界を「共に体験する」。共体験。
④クライアントに「なりきった意識状態」を保ったまま話を聴く。クライアントが内的に体験していることの「エッセンス」をつかむ。クライアントの内側の一つ一つのパーツのエッセンスをつかむ。

⑤つかんだエッセンスをリフレクトして伝える。カウンセラーは、クライアントの内的体験のエッセンスを、自分の内側を通して、あたかもそれが今その場で起きているかのように、ありありと「現前化」して「映し出す」。クライアントはその時その場で、みずからの体験をありありと感じ直し、体験し直す。体験により深く沈潜し浸ることができる。体験が十分に体験されると、次の展開が生まれてくる。

⑥カウンセラーは自分の言葉をクライアントに内側で響かせて確かめてもらう。吟味し修正してもらう。

⑦エッセンスに通じる直観的なイメージを伝える（二重の共感の時）。

⑧両者が納得いくまで続ける。

⑨すべての現象をそのまま受け止める「開かれた態度」を保つ。新たに浮上してきたものをピックアップして、プロセスの展開に活かしていく。

本章では、EAMAの後半部分を紹介する。後半部分は、次のようなプロセスを展開していく。

⑩クライアントに体験のプロセスで出てきたいくつかのパーツをピックアップしてもらう。

⑪クライアント自身にそれらのパーツを「つなげて」みてもらう。

⑫クライアントと共に、いくつかのパーツを「ロール（心の立場）」として立てて、それに意識を向け

る。「これまでの自分」「これまでの自分とは違う、新しくフワフワと浮上してきつつある何か」「その間にあって、変化を妨げているもの」などを「ロール（心の立場）」として立てて、それぞれのロールに意識を向けて感じる。味わう。

⑬クライアントの体験プロセスから生まれてきたそれらのロール（心の立場）をクライアント自身が即時に演じる。プロセスを十分に展開していく。そのなかでフワフワと新たに浮上してきているものに特に意識を向ける。「新たに浮上してきているもの」をピックアップし、それを新たなロール（心の立場）として立てることができたら、クライアントはそれに「なる」。「なりきる」（立脚点の変更）。なりきって変身し、ロールプレイやダンスを展開する。

⑭自分がまず演じたそれらの「ロール」を他の人に演じてもらい、クライアントは他の人が「ロール」を演じているのを「見る」。「共にロールを演じて、共に体験する」。

⑮「見る」体験、「演じる」体験から生まれた気づきを大切にする。そこで新たに生まれてきたものを即時的にピックアップし、新たな「ロール」として立てるなどして、プロセスを展開する。その都度、ロールプレイ、ロールスイッチ、ダンスなどもおこなう。グループのメンバー一人一人がクライアントの「人生」という「作品」のパーツになったかのような仕方で、グループ全体でクライアントの内的体験のエッセンスをありありと「現前化」して「映し出す」。音、言葉、イメージなども使い、自由に、大胆に、プロセスを展開する。

⑯プロセスが半端なところで停滞している場合、クライアントに「自分の内奥の最も豊かな知恵」に

ダイレクトにアクセスしてもらうと展開に役立つことがある。

⑰「エッジ」を「自分を守ってくれるもの」「こころの守り神」として尊重する。

⑱生まれてきた気づきや意味、アウェアネスを受け取る。出てきたもののメッセージを受け取る。

⑲グループセッションの場合、クライアントはサークルの中心に座り、「他のメンバーが自由に発する言葉を内側に響かせながら静かに聞く時間」を持つ（グループセッションの場合のみ）。

⑳アクションプラン（具体的な行動計画。特に二週間以内に始めることができる小さな目標）を立てる。

㉑次のセッションにつなげる（個人セッション。継続の場合）。

それぞれを説明しよう。

⑩クライアントに体験のプロセスで出てきたいくつかのパーツをピックアップしてもらう

⑪クライアント自身にそれらのパーツを「つなげて」みてもらう

クライアントの体験プロセスで出てきたいくつかの重要なものを、クライアント自身にピックアップしてもらい、それを「つなげて」みてもらう。同じセッションのなかで出てきたもので、しかしクライアントとしては「つながっている」とは思えていなかったもの、「別々のもの」と思えていたものをあえてクライアント自身に「つなげて」みてもらうのである。すると、そこから何か、新しいものが生まれてくる。

たとえば、あるクライアントは「自分はこれまで家族のためにひたすら頑張ってきた、自己犠牲してきた」と語る。そしてもう一方では、「自分は完全主義で、こうでなければならない、と常に自分を追い込んできた。自分は細い細い道を歩いていて、そこから落ちないように、落ちないようにして生きてきた」と語る。クライアントは、それぞれ「別のこと」として話しているが、カウンセラーから見ると、どこか「つながっている」ように思える。

こんなとき、たとえば、「先ほどおっしゃっていた、〝細い細い道の上を落ちないように歩いている〟(A)ということと、今おっしゃった〝家族のために常に自分を犠牲にしてきた〟(B)ということは、どこか、つながっていますか」とたずねる。「二つにどこか似ているところはありますか」「AからBを見ると、どうですか」「BからAを見ると、どうですか」このようにたずねてみることもある。

一つのことを「右手の上に」、もう一つのことを「左手の上に」乗せてもらい、二つを同時にボーっとながめてもらうこともある。瞑想してもらう。そこで新たなイメージが立ち上がってくるのを待つのである。

すると、「スペースがない……(中略)……私の人生には、私のためのスペースがない。私の居場所がない。私のための時間がない。このスペースのなさが、今の私にとって重要なことです」と展開していった。

また、別のクライアントは、面接の前半で「夫や娘など家族のこと」について語った。そして面接の後半では、「いやな上司を最近許せるようになったこと」について語った。クライアントにとって、この二つは別々のこととして語られていた。この、一見ばらばらに見える二つのことのそれぞれを思い浮かべて

「つなげてみて」もらう。すると、意味のある展開になることが少なくない。

私は、「二つのつながっている点は何ですか」「どこか似ている点はありますか」「二つを同時に眺めてぼーっと見ていると、そこに新たに何か生まれてくるものはありませんか」とたずねてみた。すると、クライアントはしばらく目をつぶって瞑想した後で「愛の気球です」と答えた。それは、カウンセラーから見ると、クライアントの存在のエッセンスと思えることであった。

クライアントのなかで、意味はあるけれども、つながっていなかった二つ、三つのことをクライアント自身に「つなげてみてもらう」。すると、新しい何かや気づきが生まれやすい。これは、ジェンドリン（Gendlin, E. T.）が考案したクリエイティブな思考のトレーニング法である、TAE（Thinking At the Edge）の「交差（crossing）」に学ぶところが大きい。二つのまったく異なるものを「交差」させ、かけあわせてみると、そこで「新たな何か」が浮上してくるのである。

ミンデル（Mindell, A.）の考案したプロセスワークの、コーマワーク（昏睡状態の人への取り組み）においても、たとえば「左眉が動いていますね」「足が動いていますね」「左眉の動きと足の動きとは、つながっていますよ」と声をかけ「つなげてみてもらう」。すると、新たな動きが生まれ、展開していくことが少なくない。ここからもヒントを得た。

⑫ クライアントと共に、いくつかのパーツを「ロール（心の立場）」として立てて、それに意識を向ける。「これまでの自分」「これまでの自分とは違う、新しくフワフワと浮上してきつつある何か」「その間にあって、変化を妨げているもの」などを「ロール（心の立場）」として立てて、それぞれのロールに意識を向けて感じる。味わう

ＥＡＭＡでは、クライアントがすでにうっすらと体験しつつあった体験をより十分に体験してもらうために、体験プロセスから出てきたいくつかのパーツを「心の立場」（ロール）として立てて、それに意識を向ける。多くの場合、「これまでの自分」のロール（立場）、「これまでの自分とは違う、新しくフワフワと生まれてこようとしているもの」のロール（立場）、「その間にあって、変化を妨げているもの」のロール（立場）といった三つか四つのロール（心の立場）が立つ。それぞれに意識を向けて、感じたり、味わったりしてもらう。

あるクライアントはこう言う。

「売り上げを、もっとあげなきゃいけないんです。もっともっと……。そのためにどんなことをしなくてはいけないのかも、わかっているんです……（中略）……でも、ほんとうは、お金のことなんか、気にしたくない。ただ、自分の魂を込めて、一つひとつのセッションをほんとうに納得のいくも

のにしたい。それだけなんです。現実的にはできないんですけど。だけど、売り上げのことばかり考えている自分がもう嫌になって……」

ここでは、次のようになる。

•これまでの自分↓「毎日、売り上げのことばかり考えている自分」
•新しくフワフワと生まれつつあるもの↓「お金のことなんか気にしたくない。ただ自分の魂を込め、一つひとつのセッションをしていきたい。職人的な生活をしたい」
•変化を妨げているもの↓「やっぱりお金がないと生活できない」

また別のクライアントは、「ほんとうは、〇〇さんみたいに、どーんと落ち着いていたいんです……（中略）……でも現実の自分は、いつも周りをキョロキョロ見ていて落ち着かない……（中略）……〇〇さんみたいにはなれない。自分は、人からの評価ばかり気にするから」と語る。この場合、次のようになる。

•これまでの自分↓「評価を気にして、周りをキョロキョロ見ている自分」
•新しくフワフワと生まれつつあるもの↓「ほんとうは、〇〇さんみたいに、どーんと落ち着いていたい」

・変化を妨げているもの↓「○○さんみたいにはなれない。自分は、人からの評価ばかり気にするから」

このように、多くのクライアントの体験プロセスには、「ほんとうは、こうしたい。こうありたい」「でもやっぱりできない」「だって私は○○だから」という三つから四つのプロセスが同時進行している。内側で同時に進行しているプロセスへのアウェアネスを高め、より十分に体験してもらうために、EAMAでは、この三つから四つの同時進行的なプロセスに注意を向けてもらう。「○○と、○○と、○○がありますね」と確かめて、自分のなかで進行しているいくつかのプロセスに意識を向けてもらうのである。

人間の心のプロセスは、本人にていねいに意識を向けられると、意識を向けられた側面はそれに応えるようにして動き始める。自分のなかに、いくつかのパーツ（側面：アスペクト）があることを理解し、それぞれのパーツにていねいに意識を向けていくと、それぞれのパーツ（アスペクト）がそれに呼応するようにして動き始める。すると、それだけで気づきが生まれることも少なくない。どのパーツ（アスペクト）にも意識を向けられることで、こころは、その全体性を生きられる方向に向かって動いていくのである。

クライアントの話が「人生について」「自分について」といった漠然としたテーマのままで、なかなか具体的な話にならず、何をロールとして立てればよいかわからないときには、クライアントに「あなたの人生には、いくつのパーツがありますか」「それはどのようなものですか」とたずねたり、「あなたの人生を（あなた自身を）表す三つか四つのキーワードを教えてください」と言って、それぞれのキーワードを

「ロール」化して立てることもある。クライアントの話から、キーワードをいくつか拾って、それを「ロール」化して立てることもある。

上述の「ほんとうは、こうしたい。こうありたい」「でもやっぱりできない」「だって私は○○だから」という、個人内の三つの同時進行的なプロセスは、多くのカウンセリングや心理療法の理論（パーソナリティ理論、パーソナリティ変化の理論）においても着目され言及されてきた。

たとえば、ロジャーズ理論で言えば、①「これまでの自分」は「自己概念」およびそれを含んだ「自己構造」、②「これまでの自分とは違う、新しくフワフワと生まれてこようとしているもの」は「今この瞬間の有機体的体験、内臓感覚的体験」、③「その間にあって、変化を妨げているもの」は「否認や歪曲といった防衛」である。これまでの自分には馴染みがない体験は、自己構造にとって脅威に感じられるので、ないことにされる（否認）か、歪められて意識される（歪曲）のである。

ジェンドリン理論で言えば、「これまでの自分」はエクスプリシット（顕在的）、「これまでの自分とは違う、新しくフワフワと生まれてこようとしているもの」はインプリシット（暗黙的）、「その間にあって、変化を妨げているもの」は両方にあたるであろう。

ミンデル理論で言えば、「これまでの自分」は一次プロセス、「これまでの自分とは違う、新しくフワフワと生まれてこようとしているもの」は二次プロセス、「その間にあって、変化を妨げているもの」はエッジであろう。

⑬クライアントの体験プロセスから生まれてきたそれらのロール（心の立場）をクライアント自身が即時に演じる。プロセスを十分に展開していく。そのなかでフワフワと新たに浮上してきているものに特に意識を向ける。「新たに浮上してきているもの」をピックアップし、それを新たなロール（心の立場）として立てることができたら、クライアントはそれに「なる」。「なりきる」（立脚点の変更）。なりきって変身し、ロールプレイやダンスを展開する

ＥＡＭＡでは、クライアントがすでにうっすらと体験していた体験をより十分に体験してもらうために、自分の体験プロセスから出てきたいくつかのパーツを「心の立場」（ロール）として立て、それに意識を向ける。感じたり、味わったりする。そしてそのロールを自分で「演じる」。そうすることで、「自分の心のさまざまなパーツを自分のものとして、より十分に、よりリアルに体験できる」からである。

もう一つは、そうすることで、自分の体験プロセスのなかでフワフワと新たに浮上してきているものに「なりきる」（変身する）ことができるからである。すると、その視点に立って、その視点から新たにすべてのものを見ること（立脚点の変更）が、より容易にできやすくなる。

●「セッション職人」になりきる！

クライアントは多くの場合、「これまでの自分」「これまでの自分とは異なる、新しくフワフワと生まれてこようとしているもの」「その間にあって、変化を妨げているもの」について語る。先ほどのクライアントは、「これまでの自分は、毎日、売り上げのことばかり考えている。けれども、ほんとうはお金のことなんか気にせずにいたい。ただ自分の魂を込め、一つひとつのセッションをしていきたい。職人的な生活をしたい」「でも、やっぱりお金がないと生活できない」そう語っていた。

ここでまずピックアップしたいのは、「ほんとうはお金のことなんか気にしたくない。ただ自分の魂を込めて、一つひとつのセッションをしていきたい。職人的な生活をしたい」というプロセスである。「これまでの自分とは異なるが、新しくフワフワと生まれてこようとしているプロセス」だからである。まずはこれをピックアップする。

これを十分に体験してもらうために、EAMAでは、個人セッションであれ、グループセッションであれ、それをロール（心の立場）として立て、自分でロールをとって演じてもらう。それになりきって演じてもらう。「変身」してもらうのだ。この場合は、「セッション職人」になって演じてもらった。

クライアント　私はセッション職人。金なんか、関係ない。魂を込めて仕事をする。魂を込めて、作品をつくる。それだけだ！

ここで重要なのは、「私はセッション職人です」と主語を変えて自己宣言してもらい、完全になりきった状態で演じてもらうことである（立脚点の変更）。ここで振り切れず、中途半端に「自分」を残すと、うまくいかない。立脚点を変更できず、「えーと、もし私がセッショ職人だったら、なんて言うかというと……」などと「説明モード」になってしまう。これでは、体験を十分に体験することはできない。「セッション職人の神が憑依した」くらいのつもりで、思い切りふり切り、「なりきって」演じることが重要である。すると、「セッション職人として腕を磨きたい」思いがどれほどのものか、自分で体感として確認できる。

●「本当は〇〇さんみたいになりたい！」

先ほどの、「ほんとうは、〇〇さんみたいに、どーんと落ち着いていたい。でも現実の自分は、いつも周りばかりきょろきょろ見ていて落ち着かない。〇〇さんみたいにはなれない。自分は、人からの評価ばかり気にするから」と語っていたクライアントの場合は、どうだろうか。

「私も〇〇さんのようになりたい」「私も本当は〇〇さんのようになりたいけど、なれない」――こういった発言は、カウンセリングでもコーチングでも、キャリアコンサルティングでもよくある。こうした場合、カウンセラーが「そうですか。〇〇さんのようになりたいけど、なれないんですね」といわゆる「伝え返し」で応答してしまうと、クライアントの意識は「〇〇さんのようになりたいけど、なれない自分」に固定されてしまう。「変わりたいけど、変われない自分」に固定されてしまう。逆に、「なれますよ、あなたも、絶対」などと、ポジティブシンキング的に返されても、クライアントの内側では「でもやっぱり、なれない……」といった反発や抵抗ばかりが強化してしまう。よけいに変われなくなってしまう。

EAMAではどうするか。今、その瞬間に「本当は、○○さんのようになりたい……」と、クライアントの意識のなかに新たにフワフワと浮上しているものを見つけたら、それを受けて、その流れにカウンセラーもクライアントも二人共どもに「浸る」「入り込む」。その流れそのものに「なりきる」のである。

以下のように展開した。

話をうかがっていると、クライアントは、この「あこがれの人」は「土のような人なんです。柔らかくて、温かくて、動じない土みたいな人」と語る。カウンセラーは、その土がどんな土かイメージを語ってもらったうえで、「では、二人で〝土になって〟みましょうか」と提案した。カウンセラーとクライアント、二人でいっしょに「土」に〝変身して〟対話した。

カウンセラー　（クライアントに向かって）いかがですか……（中略）……土さん、土さん、となりの土さん……（中略）……どうですか。

カウンセラーとクライアント、二人で「土」になって対話をした。個人セッションの場合、カウンセラーもいっしょにロールを演じたほうが、クライアントもロールに入っていきやすい。抵抗が減じやすい。

クライアント　土になってみると、人と自分を比べないですむ。自分は自分……人と比べていない自分が見えてくる……（中略）……自分のなかの温かい土を忘れないようにします。

そんな気づきが生まれたのである。

●自分は天である——一人では不可能な体験に深く入っていく

自分のなかから出てきた新たな体験に、迷いなく、自分から深く入っていくことができるクライアントもいる。クライアントは、自分のなかから新たに生まれてきた体験にただ意識を向け、それに入り、その展開に従っていく。その場合カウンセラーは、ただ共にいて見守っていく。これだけで、クライアントは、一人では危なくて入っていくことができなかった体験に、安心して入っていくことができるのである。グループセッションであれば、他のメンバーも見守っているので、この安心感、安全感は倍増する。クライアントは、安心して自分の体験に深く没入することができる。

あるクライアントは、「花人間」という、花を頭に纏《まと》うことによる「花」と「人間」を融合させた新しいアートを体験した。そのとき、「花の命が身体に流れ込み、自分は〝人〟という生き物でなくなる。ただ、麗しい〝それ〟になる、という体験をした」という。

ＥＡＭＡでは、本人の内なる体験がもっと体験されたがっているならば、その体験に入っていくように手伝っていく。クライアントは、その状態を言葉で表すと、「身体が、ただ揺れる。脱力感。よだれが出そうなくらい緩んでいる」と言う。カウンセラーが「身体が動きたがっているように動いてみてください」と促すと、クライアントは目を閉じ、すぐに自分の世界に深く入り込んでいった。立ち上がって、身体を揺らしていく。「自分が動かしているというより、自然と動いている感覚」だと言う。だんだん揺れが大きくなっていく。上に手が伸びていく。静かなダンスになっていった。

カウンセラー　いま、どんなところにいますか？
クライアント　天…。同時に、海の底…。

クライアントは、天に向かって手を伸ばす。身体がのけぞり、床に崩れていく。天を仰いでいると、「天であり、海の底であるその所から、その、天であり海面でもあるものが、自分に向かって落ちてくる」と言う。「う、う、ぅ……」。紫の光がお腹のあたりに落ちて、身体の中に入り込んできた。「あ…、ぅ…、おぉ…息ができない」

カウンセラー　いま、何が起きていますか。何が見えていますか。
クライアント　…海面が…落ちてきて…。ここに…宇宙が…。ここに…ここに、宇宙が…。私の中に、宇宙が…。私が、宇宙の中に…

「自分が宇宙であり、宇宙が自分であるその感じ」が、身体の感覚として意識される。しばらく、ただそこにい続け、それを味わっている。すると「宇宙の深い青の世界が、白い光に包まれた世界へと、スーッと変わっていった」。クライアントはこのとき、「自分が何かしている感じでもなく、話している感じでもない。ただ、音が発せられている。それが聞こえてくる感じ」だと言う。「意識だけが漂う無重力の世界だった」。このセッションは、「自分は天そのものだ」ということを教えてくれた体験になった、と言う。

ワークを終えた後、この体験を振り返ってわかったのは、「体験は、やり切ったら、自分に戻れる」「だから、体験に深く入っていくのを怖れることはない」ということだった、と言う。そして「この体験は、一人でおこなっていたら危険だった、戻ってくることができなかったかもしれない」と言う。カウンセラーやグループのメンバーが共にいたからこそできた体験だった、というのだ。このセッションはグループセッションだったので、他のメンバーも共に静かに見守っていた。それにより、クライアントが深い体験に入っていく安心感、安全感は倍増したのである。

⑭自分がまず演じたそれらの「ロール」を他の人に演じてもらい、クライアントは他の人が「ロール」を演じているのを「見る」。「共にロールを演じて、共に体験する」

ＥＡＭＡでは、他の人（個人セッションであればカウンセラー、グループセッションであればカウンセラーや他のメンバー）が、クライアントの体験プロセスのなかで「新しく出てきたもの」に「なりきって」

それを演じているのを「見る」体験を重要視する。この「見る体験」から気づきが生まれることも多い。たとえば、先の「土のような人になりたい」クライアントのケースでは、カウンセラーが一人で次の三役を交互に演じた。

A「いつもの自分」役――私、キョロキョロしちゃう。人の目が気になる。

B「土」（「新しく出てきたもの」）役――私は土。何があっても、全然動じない。誰が来ても大丈夫。受け入れられる。

C「その間にあって、変化を妨げているもの」役――無理だよ。無理、無理……。お前がそんな動じない人間になんてなれるわけがないだろう。

この「三つのロール」を、カウンセラーが一人で三役を交互に演じた。クライアントはカウンセラーの一人芝居をしばらく見ている。そして、そこでふと出てきたイメージや言葉を語ってもらう。クライアントが「私も、ちょっと〇〇役をやってみたいです」となったら、クライアントにその役を演じてもらう。カウンセラーと二人でロールプレイをおこなう。

この場合の「三つの立場」は、現実の人のロールではない。クライアントの体験プロセスから出てきた、「クライアントの心のなかに立ち現れている三つの立場」＝「心の立場」三役のそれぞれを、カウンセラーは一人三役で、それぞれに「なりきって」演じるのである。

もしこれがグループセッションであれば、「三つの立場」それぞれを演じる人を、クライアントに他のメンバーから指名してもらい、そのメンバーに演じてもらう。たとえば、先ほどの「セッション職人になりたい人」の場合、次のようになる。

A「これまでの自分の立場」役――売り上げ、売り上げ、やっぱり売り上げが大事……。

B「新しく出てきているものの立場」役――金のことなんか気にしねえ! 俺はセッション職人だ。セッション職人の神だ!

C「その間にあって、変化を妨げているもの」役――でも、生活どうするのよ……。

グループの他のメンバーが「三つの心の立場同士のロールプレイ」を演じる。本人はそれを見ている。すると、新たな気づきが生まれることが多い。もちろんこの場合も、本人が入りたくなったら、ロールプレイに加わってもらう。

他のメンバーが、自分の心のなかの「三つの立場」を演じるロールプレイをしているのを本人が「俯瞰して見る」体験が、気づきにつながることが多い。この点は、プロセスワークから多くを学んでいる。

●「元パートナーとの関係」をテーマにしたグループセッション

別の例も挙げよう。ある女性は、離婚した後も元夫と定期的に会っている。とても穏やかな感じで会えているので、会っていると「また元に戻りたい」「戻れないかな」と思ってしまう。でも「これ以上近づくと、また元夫はイライラしてきて、だめになるにちがいない」。「もっとおおらかな年上の男性がいいかもという気持ちも出てくる」と言う。

カウンセラーは、「あなたのなかに、いくつのこころの部分がありますか」とたずねた。カウンセラーとクライアントでいっしょに確認すると、次の四つの部分があることがわかった。

A「今の元夫との関係はなかなかいい。穏やかだし、家族的な感じもある」（**「今の自分」**）

B「元に戻れるんじゃないか、と思ってしまう。あんなに幸せなときもあったのに。どうして、どうしてこうなってしまったの？　元に戻れないかな？　戻りたいな、と思ってしまう」（**「新たに生まれているもの」**）

C「でももっと近くにいるようになると、また前のダメなパターンが戻ってきてしまうはずだ。『どうしてお前はまたそうなるんだ』『信号が赤になるのも、自分のせいだと思ってしまうんだろう？』などと言われて非難されてしまう」（**「エッジ」「変化を妨げているもの」**）

D「新しい人との出会いを大切にしたい。もっと寛容で、自己否定的な私のこともそのまま認めてくれる人と、出会いたい」（**「新たに生まれているもの」**）

この四つのロールを立てた。まず、四つのロールを自分で演じてもらった。次に、グループセッションだったので、クライアントにグループのメンバーから四つのロールをそれぞれ演じてもらいたい人を四人指名してもらい、それを演じてもらった。クライアントはそれを「見る」。

クライアントは、内的なプロセスが進んだのか、「これであきらめがつきました」「次に進めそうです」と言う。

グループの他のメンバーが、自分の心のいくつかのパーツを演じているのを見ていると、「自分もやってみたいです」となることが多い。他のメンバーがロールプレイしているときに、クライアント自身にも途中で入ってもらって、みんなといっしょにロールを体験してもらう。「みんなでいっしょにロールを演じる」ことで、「体験にしっかり浸る」ことができる。

「グループのみんなでいっしょにロールを体験する」のは、「十分に体験する」ためのとてもよい機会になりうる。たとえば、十人のメンバー全員で、船に乗って歌う。全員で、自転車に乗って走りまわる。このような「みんなで体験」は、クライアントが自分の体験に十分に浸るよい機会となる。

●「ヒリヒリする感覚を持ったまま仕事をする！」ことの大切さに気づいたキャリアコンサルタント

別の例を挙げよう。あるキャリアコンサルタントは、グループセッションで「最近、毎日がルーティンの仕事や勉強ばかりで、何か足りない感じがする。ワクワクすることがない」と語る。そしてこの前、道を歩いていたら、「自転車で無駄に立ち漕ぎをしたり、無駄にダッシュしたりしている小学生の男の子」

を目にして、それが妙に気になった、と言う。この「妙に気になるもの」が、「これまでの自分とは異なる、新しくフワフワと生まれてこようとしているもの」である。この「こころの世界」をロールを立てて思い切り体験してもらった。

カウンセラー　では、その小学生の世界を体験してみましょうか。

クライアントに、グループのなかから他のメンバーを三人選んでもらい、三人で「思い切りワクワクしながら、自転車で遊んでいる場面」をしばらく演じてもらった。途中から本人も入ってもらい、四人でワクワクしながら遊んでいる場面を演じてもらった。

クライアント　私、オンオフの切り替えがきかないんです。勉強や仕事ばかりしているっていうか……こういうワクワクしている時間が足りない……。

自分には、ワーク・ライフ・バランスが大切だ、とこの時点では語っていた。

クライアント　「仕事や勉強ばかりしていて、オフのときも仕事や勉強のことが気になっているというか……」

カウンセラー　「仕事や勉強のことをまったく忘れることができている時間はありませんか。」

クライアントは、「最近はまっているバイクレース」を見ているときだけ、無心になれるという。すると「みんなでバイクレースをやってみよう」という声が、他のメンバーからあがった。グループのメンバー全員で、バイクレースのカーレーサーになって演じた。やっていると、クライアントにふと、気づきが生まれた。

クライアント　〝命がけ〟です。私に今必要なのは、この〝命がけ〟の感覚……。ワーク・ライフ・バランスなんて言っている場合じゃなかった……（中略）……私に必要なのは、ワーク＆ワーク＆ワークです。ライフ＆ライフ＆ライフです。……（中略）……仕事するときは、ひたすら仕事する。命がけで仕事する。遊ぶときは、思い切り遊ぶ。命がけで遊ぶ。……（中略）……この〝ヒリヒリする感覚〟が、今の私に必要なものでした！……（中略）……命がけで仕事する……この〝ヒリヒリする感覚〟を持ったまま仕事をすることの重要さ。これを大切にできるキャリアコンサルトタントになりたいです！」

最高のアウェアネスである。

●「人に迷惑をかけたくないから、他者と深くかかわることができない」と語る、親密性の課題を持つクライアントとの個人セッション

「他の人がロール（自分の心のいくつかの部分）を演じるのを見る」体験が、大切な気づきにつながることは、個人セッションでもしばしばある。

あるクライアントは、「自分は人に頼ったり、『手間をかける』のが苦手。仕事でわからないことがあっても人に聞けない。そのためにかえってトラブルになることが多い」という。また、「迷惑をかけてはいけない」「手間をかけてはいけない」という気持ちが強いことから、誰か他の人と深い関係になれないという。「親密性」がテーマのケースである。

「人に迷惑をかけたくない、ダメな人と思われたくないから、人と深くかかわることができない。恋愛や結婚もできないし、職場も定着しない」という。こうした、親密性の課題で悩んでいる人が、現代の日本にはかなり多い。

カウンセラー　「自分のなかに三人の自分がいるんですね。人に迷惑をかけたくない、人に手間をかけることはしたくないという『これまでの、そして、今の自分』。一方で『このままじゃいやだ、もっと人とかかわっていい、迷惑をかけてもいい、という自分』。そして、『その間でためらっている自分』」

カウンセラーは、この「三つのロール」を、クライアントの前で一人三役で演じた。クライアントはそれを見ていた。もちろん、「ふと入りたくなったら」いつでもロールプレイに入っていくことができる。

カウンセラーが、「頼っていいんだよ。甘えていいんだよ。ほら、もっとこっちにおいで。膝枕、してあげるから……」とロールを演じていると、クライアントはそこに入ってきた。「ほんとに、甘えていいの？絶対、大丈夫？」このようにしてクライアントは、「もっと人に頼っていい、甘えていい、と思える新たな自分」を体験するのである。

この後、クライアントは、「人に頼ってはいけない。手間をかけてはいけないと思う癖」は、「幼いころ両親との関係で、長男としてきちんとしていることを求められてきたこととの影響が大きい」と言う。「自分の今の対人関係のパターン」と「幼少期の体験」とを結びつけて語ったのである。

このように、個人セッションでも、クライアントの体験のなかにいくつかのパーツ（部分）を見て取り、そのパーツをロールとして立てる。そのいくつかのロールをカウンセラーが一人二役、一人三役で演じて、それをクライアントは見る。クライアントはどんなこころの動きがあったかを語る。クライアントはいつでも、気が向いたら、カウンセラーの「一人ロールプレイ」に入ってきてもいい。こうした流れでおこなっていくと、気づきにつながることが多い。

カウンセラーが一人二役、三役で演じるときに、重要なのは以下のことである。

- ふっきって、ためらいなく、思い切り演じること。それぞれのロールに「なりきって」演じること。

- 演じていて、カウンセラーがふと、自然としたくなったことがあれば、それも自由におこなっていく。ふと言いたくなったことがあれば、それも自由に言っていく。

カウンセラーが「一人ロープレイ」をしているなかで、「ふとしたくなったこと」を自由にアドリブでしていくのは多くの場合有益である。「ロールになりきっている状態」で、「ふとしたくなったこと」「ふと言いたくなったこと」をカウンセラーがしたり言ったりしているのを見ることが、クライアントの気づきにつながる。面接の転機となることも多い。

先の、「もっと人に手間をかけていいんですね」「もっと甘えていいんですね」と語るクライアントのケースで、カウンセラーはクライアントの「こころの一部」として「残っているパーツ」（「人に迷惑をかけないことではじめて自分で自分のことを認められる自分」のパーツ）を演じた。

カウンセラーは、「お前は、誰にも迷惑をかけてはいけない。人に手間をかけてはいけない。人に迷惑をかけずにいることだけが、お前の存在理由だ。人に手間をかけたり、迷惑をかけたりすると、お前はお前ではなくなる。お前の存在理由はそれだけだ」と、何度も繰り返し言った。クライアントはそれを聞きながら自分の反応を観察した。

もちろん、カウンセラーが本心からそう思っていたわけではない。「クライアントのこころの一部」になりきって、それをロールとして演じたのである。

それを聞いていたクライアントの表情が一気に変わり、キリっとした。クライアントは、「そんなことはない。俺の存在理由はそんなことではない」と語った。ここからセッションは大きく前進した。「このま終わってたまるか！」というパワーをクライアントに感じた。最後に、「人に手間をかける練習」を宿題として、次回につなげた。

●対話する自己（Dialogical Self）

EAMAのこのプロセスは、理論的にはどうとらえられるだろうか。

①クライアントが語る自らの体験のなかに、いくつかの「パーツ」を見出す（あるいはピックアップする）。
②それに注意を向けてもらう。味わったり、感じたりしてもらう。
③それぞれの部分をロール（心の立場）として立てる。
④クライアントはまず自分ですべてのロールを演じる。
⑤他の人（カウンセラーやグループの他のメンバー）がロールを演じるのを見る。
⑥見ているうちにこころが動いたら、クライアント自身も好きなようにそこに入っていく。
⑦その後、自由に展開していく。

自己のいくつかのパーツ（部分）を見立てて、それをロール（心の立場）として立てる、そしてそのロール（心の立場）同士で対話を展開していく。このプロセスの前提にあるのは，自己というのは決して，完結した一つのまとまり（統合体）ではない，自己のなかにはいくつかの葛藤するパーツを見て取ることができる。しかもそれぞれのパーツはそれぞれ一個の人格のように独立した意志を別個に持ち何かを言いたがっている，声を発したがっている，とするものの見方である。

EAMAのグループプロセスでは，メンバー一人一人がそれぞれ，クライアントのこころの内側の異なるパーツに「なる」。グループ全体で，「クライアントのこころ」に「なる」。内部にさまざまな矛盾を抱えながらも，一つのまとまりのある全体をなしている一人の人間の「こころ」に，グループ全体で「なる」のである。

このように，一人の一人間のこころの内側にいくつかのパーツを見て取るのは，ロジャーズ派で言えば，デイブ・メアーンズ（Mearns, D.）の「コンフィギュレーションズ・オブ・セルフ（configuations of self）」の考えが近い。

スコットランドを代表するロジャーズ派のメアーンズは，人間のこころには，いくつかのパーツがあると想定する。したがって，ロジャーズの「無条件の積極的関心」は，「クライアントをまるごと一人の人間として尊重する」という抽象的な理念だけでは，それを実現するのは難しいと考える。「ロジャーズの考えに従うなら，私たちは，パーソナリティのさまざまな側面全体に治療条件をゆきわたらせるよう努力しながら，あらゆる側面から出てくるクライアントのもろもろの声に注意を向けるようになるはずである」(Mearns, 1994)。

クライアントの全体性に真にかかわっていくには、彼を一人の人間としてまるごと受容する、といった漠然とした構えでは不十分である。クライアントの内部で葛藤しているパーソナリティのさまざまなパーツ、さまざまなフィギュア（内的人物像）が葛藤しつつも共存している（コンフィギュレーションズ）さまを見て取り、その「パーソナリティの一つ一つの側面のいずれをも大切なものと認め、それぞれに注意深く耳を傾けること」（Mearns, 1994）が必要だと言うのである。この場合、unconditional positive regardは、クライエントの内奥から発せられるさまざまなこころの声のそれぞれに対し、（その内容についてはは肯定するでも否定するでもなく）そのいずれをも（unconditional）、大切な意味を持つものとして積極的に関心を向けていく（positive regard）姿勢として理解される。

メアーンズ（Mearns, 1994）は、この意味でのunconditional positive regardすなわち「無条件の積極的関心」がとりわけ重要な意味を持つクライアントの例として、パーソナリティ内部に葛藤を抱えるクライアント、たとえば、みずからの内に、①いつも正しくあろう、人を愛そうとしている「修道女のような部分」、②臆病で人からの助けを求めている「小さな女の子の部分」、そして③自分のこの二つの部分の争いを眺めている「第三の部分」という三つの部分が共存し葛藤しているクライアントの例を挙げている。

カウンセラーにとってここで重要なのは、このクライアントの三つのパーツ、三つの「フィギュア（内的な人物像）」のいずれもが十分に語ることができるようにすること、そのためにそのいずれのパーツにもスペースを与え、それぞれのパーツの声に耳を傾けていくことである。なぜならば、そのようなカウンセラーのかかわりがあってこそ「クライアント自身が自己のさまざまなパーツに共感できるようになり、自分が生きのびるうえで，それぞれのパーツが果たしてきた役割の重要さを理解するようになる」からである。

ここでは，セラピストのunconditional positive regardがモデルとなって，クライアント自身が自分の内側のさまざまなパーツのいずれの声にも，unconditional positive regardの姿勢でかかわり，耳を傾けていくことができるようになるプロセスが示されている。

また，クライアントの内側にいくつかのサブ主体のようなものを認める（ないし想定する）考えとしては，ジェンドリン（Gendlin, 1984）の「クライアントのクライアント（client's client）」の考えもある。クライアントの内側に，「内なるクライアント」の部分と「内なるカウンセラー」の部分の区別を認め，「内なるカウンセラー（私）」が「内なるクライアント」「内側の何か」「内側のそれ」「内側の声」にやさしく耳を傾けていくこと（フォーカシング）を促していくのである。カウンセラーが，「クライアントの内側のクライアント」の声に耳を傾ける。すると，クライアント自身も「自分の内側のクライアントの声」に耳を傾けようになるのである。

カウンセラーの「伝え返し（リフレクション）」の成否も，クライアントが，自分の内側のクライアントに聴く，という仕方で確かめられる。これは，ジェンドリンが「内側で響かせて確かめる（resonating）」と呼ぶ作業である。「カウンセラーが，クライアントが表現していることの正確な意味や感覚をわかろうとしながらクライアントについていくだけで非常に大きな援助になるのは，そうすることでクライアントのからだの内側でこのリソネイティング（内側で響かせて確かめる）という作業が始まるからである」

(Gendlin, 1996)。

カウンセラーがていねいに傾聴していくと、クライアントの内側で「リソネイティング（内側で響かせる）」が始まる。ここに傾聴の大きな意味がある、と言うのである。

ミンデルの「一次プロセス」「二次プロセス」「エッジ」という概念も、それぞれのパーツには意志があり、声を発している、というものの見方を示している。だからこそ、それぞれの部分をロールとして立てて、ロールプレイに展開することができるのである。人間の人格のなかにはいくつかの下位人格のようなものがあるとするものの見方は、もとより、ユング派全体のベースになっているものの見方である。

これらとはまったく異なる文脈で、人間個人を、一つに統合されたものというより、相葛藤するさまざまな声そのものであるとするものの見方をするのがハーマン（Hearmans, M.）の「対話する自己（Dialogical Self）」の考え方である。「対話する自己」の観点からすると、そもそも自己は、単一で統一された実体ではない。相互に対話する複数の〈I（アイ）ポジション〉で構成されている、こころのなかに存在する社会である（ハーマン・ケンペン／溝上他訳、2006)。

社会構成主義のベースにもなったこのハーマンらの概念によると、「人は同時にさまざまなIポジションを保持することができる」。いわゆるポリフォニック（多声的）なものの見方である。この見地からすれば、自己のなかにいくつかのパーツを想定し、それをロールとして立てて相互に対話するというEAMAの方法は、一人の人間の内側で「そのとき、内的体験として浮上してきているいくつかのIポジション」をピックアップし、それぞれをロールとして立てる仕方で、その相互の対話を展開していくものである。

自分の内的体験として生じているいくつかの「Iポジション同士の対話」がEAMAの展開の重要な部分の一つである。クライアントは、この「自分の内側のIポジション同士の対話」を個人セッションであればカウンセラーの一人ロールプレイとして、グループセッションであればグループの他のメンバー同士のロールプレイとして、可視化されたかたちでありありと見ることができる。これは、強い実感的反応を生む。

EAMAがパワフルな効果を持ちうる理由の一つは、このように、可視化された仕方で、しかも生の人間のリアルな劇化されたかたちで、自分の内側で起きている「Iポジション同士の対話」を、生で見ながら体感することができるからである。また多くの場合、自分のなかで何かが動いたのを確認したクライアントは、グループの他のメンバー同士のロールプレイを見ながら途中から自分もそのなかに入っていってロールを演じ始める。

たとえば、あるクライアントが「仕事を辞めようか」と迷っているとする。このとき、このクライアントのなかには、次のような無数に可能な「Iポジション」がある。

- 「もう無理。早く楽になりたい」という「自分の弱音」という「Iポジション」。
- 「いやいや、まだまだ頑張れる」という「Iポジション」。
- 「草の上にも三年」という「格言」という「Iポジション」。
- 「また続かなかったか。やれやれ」という「父親の視線」という「Iポジション」。

- 「やめ癖がついちゃうよ」という「一年後の自分」という「Ｉポジション」。
- 「いっそやめて大学院に行って、臨床心理士の資格をとれば……」という「十年後の自分」という「Ｉポジション」。
- 「こんなはずではなかった」という「大学生のときの自分」という「Ｉポジション」。
- 「この人で、ほんとうに大丈夫かな」という「婚約中の彼女」という「Ｉポジション」。
- 「すべてを可能にしてみせる人生の魔術師」という「Ｉポジション」。
- 「神の導き」という「Ｉポジション」。

ＥＡＭＡのグループセッションでは、これら複数の「Ｉポジション同士の対話」を、生の人間同士のロールプレイというかたちで観ることができる。体感できる。そして、自分も途中からそのロールプレイに入っていき、みずからも役を演じながら展開していく。

ロールスイッチ（役割の交換）をおこなうことで、クライアントは、自分自身で自分の内側のさまざまな「Ｉポジション」をとって、それぞれになりきり演じることができる。そうすることで、みずからの内的体験をより十分に体験し、体験し尽くすことができるのである。またこのような仕方で、しっかり「体験し尽くす」ことができるからこそ、停滞から解放されて、次のステップに進むことができるのである。

ＥＡＭＡはまさに、「対話する自己」を文字通り体験するアプローチである。

⑮「見る」体験、「演じる」体験から生まれた気づきを大切にする。そこで新たに生まれてきたものを即時的にピックアップし、新たな「ロール」として立てるなどして、プロセスを展開する。その都度、ロールプレイ、ロールスイッチ、ダンスなどもおこなう。グループのメンバー一人一人がクライアントの「人生」という「作品」のパーツになったかのような仕方で、グループ全体でクライアントの内的体験のエッセンスをありありと「現前化」して「映し出す」。音、言葉、イメージも使い、自由に、大胆に、プロセスを展開する

ここからが、カウンセラー、グループ・ファシリテーターの腕の見せどころである。カウンセラーは、セッションのなかで、完全にクライアントのこころの世界に没入する。その一部と「なる」。この確信を得ていることができれば、その状態から生まれてくるすべてのものを尊重する。意味があるプロセスが新たに浮上してくれれば、即座にそれをピックアップして展開していく。

クライアントのこころの世界に完全に没入できている状態であれば、その意識状態でカウンセラーの意識に浮かんでくるものは、おおよそ意味がある。その意識状態でカウンセラーが「ふとしたくなったこと」も、「ふと言いたくなったこと」も、おおよそ意味がある。少なくとも、セッションの場で提示する意味はある。それを提示してみて、クライアントから何の反応もなかったら、やめればいいだけの話であ

る。すべてはクライアント中心で、フィードバック志向である。

たとえば、個人セッション中に、カウンセラーにふと、あるセリフが浮かんできたら「なぜか、ふと、こう言いたくなったんです……」と浮かんできたことを独り言のように言う。そして「これを聴いていて、いかがですか」とクライアントに戻す。あるいは、個人セッション中にカウンセラーがふと、あるポーズ、たとえば「自分で自分を抱きしめているポーズ」をとりたくなったら、カウンセラーは「自分で自分を抱きしめているポーズ」をする。そして「これを見ていると、いかがですか」とクライアントに戻す。

グループセッションで、たとえばカウンセラーの脳裏にふと、ネイティヴ・アメリカンのイメージが浮かんできて、それをしたくなったとする。カウンセラーは、「ホッホー！　ホー！　ホー！」と叫びながら会場中を走り回るかもしれない。叫びたくなったことを叫ぶ。すると、グループの参加者も、それぞれふと浮かんできたことを言葉にしてみたり、したくなったことをしてみたりする。

自由な雰囲気のなかで、グループの誰もが、ふと浮かんできたことを言葉にし、ふとしたくなったことをする。何の断りもいらない。言葉にしたくなったら言葉にする。歌いたくなったら歌う。踊りたくなったら踊る。そのなかの何かが、クライアント役のメンバーのこころに強く響く。ヒットする。すると、その後の展開が、がらりと変わる。文字通り、「その場で起きるすべてのプロセスに開かれ、すべてを尊重し、すべてをその場に持ち込み、すべてを活かしていく」のである。

ＥＡＭＡのカウンセラーは徹底的に自由である。

完全にクライアントの体験プロセスに没入している状態にあって、カウンセラーのなかに「ふと浮かんできたこと」は、それがプロセスのなかで自然と浮かんできたものであれば必然性のあるものである。したがって、「〇〇してみましょうか」と提案する。試みに、クライアントにそれを体験してもらう。ロールを演じてもらう。それがヒットしなければ、取り下げる。そしてクライアントの体験プロセスに戻る。

クライアントが、「というよりも……」「それはちょっと違って……」と言える自由な雰囲気、関係性をつくっておくことが大切である。ロジャーズもジェンドリンもミンデルも、クライアントが「それはちょっと違って……」、そう言ってくれることを歓迎していた。クライアントからのフィードバックが最も重要だからだ。大切なのは、カウンセラーが「素直なこころ」を持って、自分を空っぽにして、クライアントの「こころの世界」に浸ることである。すると、そこで「ふと出てくるもの」は、大概意味を持つ。「これはこうなるはずだ」と決め打ちするのが、もっともよくない。

まずは、空っぽになって、クライアントの心の世界にどっぷり浸る。どっぷり浸っているなかでふと浮かんできたものは、とりあえず、セラピィやワークの場に出してみる。そしてどのような反応が生じるか見てみる。これをていねいにやっていると、たいてい、クライアントのこころの本質にたどり着く。

天才カウンセラー、天才セラピストになる必要はない。凡人であっても、決め打ちせずに「素直なこころ」を持って、自分を空っぽにしてその場に臨んでいるならば、そしてそこで展開されるクライアントのプロセスにどっぷり浸って、そこから生まれてくるもの、流れてくるものに従っていれば、クライアントのこころの本質に近づきうる。「素直なこころ」でプロセスに従うならば、凡人であっても、天才セラピストと呼ばれている人たちが展開するのと、そう変わらないプロセスを展開しうる。これがEAMAの良いところであり、私がそれを方法化しようと思った理由である。

■EAMAのグループセッションの多様な展開

EAMAのグループセッションは、これまで示したステップを基本的には踏みながら、実際には、実に多様な仕方で展開する。

●「あなたにできることなんて何もない」という「内なる批判の声」と取り組んだグループセッション

あるグループセッションで、五十代後半の女性は、「正月にマザー・テレサやマーガレット・サッチャーの映画を観た。私は果して人生をやりきっているのか、と思った。やりきりたい、と思う。でも一方で、どうせ無理、あなたになんかできることなんて何もない、そんなこころの声が聞こえてくる」と言う。

グループのみんなで話を聴いていくなかで、これは全員で共有すべきテーマだと思われた。五十代半ば以降の人間にとって、「今さら何ができるの」「何もないよ」という自己批判の声は、まるで『鬼滅の刃』の鬼のように、何度も何度もしぶとく出てくる自己批判と抑制の声である。私たちにとって「共通の倒すべき敵だ」、そんな声もあがった。

そこで二十人全員がA、Bの二つのグループに分かれた。グループAの十人は「あなたになんかできることはない」と言い、もう一方のBの十人は、それを聞いていると生まれてくる自分の声を体験し、言葉にした。その後、立場を交代した。

「まだまだやれるぞ」と思った人、「自分にはやっぱりできることなんてない」と思った人、「他の人がまだまだやれる、と言っている声を聴いていると、マウントを取られた気分になった」という人など、さまざまであった。

話題を出したクライアントに、A、Bそれぞれから二人ずつ、四人を選んでもらい、「まだまだやれる」立場のロール二人、「無理だから」という立場のロール二人に分かれて、四人でロールプイをしてもらった。他のメンバーはそれを見ているが、途中で入りたくなったら自由に入っていってもらう。

この展開のなかで、ある人が、「どうせもうすぐ死ぬんだから」と言ったとき、グループの雰囲気が変わった。少しの沈黙の後、「どうせ死ぬからこそ、やりたいことをやるんだ、バカー」という声が上がった。

多くの人が、自分のなかでさまざまなことを感じる展開になった。四人一グループに分かれて、気持ちの動きをシェアした。あるメンバーから、「ここにはダンスが足りない」という声があがった。テーマを出した女性がリクエストの曲をみんなで歌った。みんなでそれに合わせてダンスを踊った。テーマを出した女性のメンバーに対して、それぞれが伝えたいメッセージを送って、このセッションは終わった。

「人生をやりきる」ということについて、多くの気づきが得られたセッションになった。

●「退屈」をテーマにしたグループセッション

あるグループセッションでは、メンバーから「退屈」という人生の根本テーマが語られた。多くの人が「私もある」と語り、みんなで共有したいという流れになった。

グループ二十名が「退屈派」と「充実派」の二つのロールに分かれて話し合った。

充実派　もっと刺激が欲しい。もっと充実したい。

退屈派　人生の本質は退屈だ。退屈な時間をどうしのげるか、どう楽しめるかどうかが大事。それが人生……。

そのなかで話題を出したクライアントは、自分が「退屈している」と感じるのは、「人の役に立てている」という実感がないとき、そして「日々が新しい気づきに満ちている」という感覚がないときに、「退屈」感に襲われるのだということに気づいたと語った。そして、「人の役に立つ」「気づきのある毎日」という視点から、これからの人生の計画を練り直し始めた。

●自分のコミュニケーションについて振り返ったセッション

あるグループセッションでは、民謡のライブを仕事にしていて、東京の人々に「歌」と「踊り」のある生活を届けようという志を持つあるメンバーが、日常のコミュニケーションにおける自分の「マウント癖」を話題にした。

自分は、「人との会話のなかで相手より優位に立たなくては」とか、「コミュニケーション能力の高い自分でありたい」という意識が強すぎて、そのために「人と話をしていると気疲れしてしまう」という悩みが語られた。他のメンバーのリクエストで、メンバー全員でその民謡を歌い、踊った。

セッションが進むなかで、話題を出したクライアントは、日常会話をしているときにも「こころのなかで民謡を歌いながら会話する」意識を保つことで、「コミュニケーションの際にも勝ち負けを意識しないですむ」ことに気づいた。

●「最近情熱がなくなった」ことをテーマにしたセッション

あるグループセッションでは、四十代男性のクライアントが、最近「自分のなかにギラギラした、燃えるような情熱がなくなった」と語った。そして、そのことについてすぐ「仕方ないんじゃない、と思うようになった」。しかし同時に、そのことに対して「これでいいのかな」という迷いもあるという。

そこで、次の二つのロール（心の立場）を立てた。

A「成功を目指すギラギラした心」

B「仕方ないんじゃない、という現実主義の心」

クライアントに、他のメンバー二人を指名してもらい、AとBの二つのロール間のロールプレイをしてもらった。それを見ているうちに、本人は「やっぱりギラギラして成功を目指すのも大切ですね」と気持ちが切り替わった。

「どんなところで仕事をしたいですか」とたずねると、「政府関係で1on1を広めたい！」と言う。そこで、「政府関係者」のロールを立て、他のメンバーから二人を指名して、「政府関係者の二人の会話」を演じてもらった。

「どうせたいしたことできないでしょ」「大丈夫なの？　その人は」、こうした二人のやりとりを見ているうちに、クライアントの役の男性には、むくむくとそのままではいられない気持ちがもたげてきて、「政府関係者の会話」のなかに本人も入っていった。

政府関係者　どれくらいの期間で、どんな変化があるか、エビデンスを持ってこい。話にならないな！

高圧的に語る政府関係者のロールと話をしているうちに、クライアントのなかに「こんちくしょう！

このまま引きさがってたまるか！」と仕事にかける情熱が高まってきた。

いずれのセッションでも、EAMAでは、「それまで自分のなかにありながらも、あまり大切にされず十分に体験されてこなかった体験」を、「他のメンバーと共に改めて十分体験する」。その体験プロセスのなかで、テーマを出したクライアント役のメンバーだけでなく、参加メンバーの多くに、さまざまな新たな気づきがもたらされている。

一つのセッションが終わった後には、「グループのメンバー全員で、一人の人間の人生という一本の良質な映画の世界に入り込んで、それを共に体験したような感慨」がセッションごとにある。

実際、EAMAのグループプロセスがうまく展開するときには、クライアントの「人生」という一本の映画作品を、グループメンバー全員がその作品の登場人物となって上演している感じがある。グループメンバー一人一人が、クライアントのこころの内側の異なるパーツを担い演じることから、グループ全体で一人の人間の「こころ」という「まとまりのある全体」となっている感じ、その意味で一つになっている感覚が醸成される。そのプロセスが良質なものとなるためには、グループメンバー一人一人がクライアントの体験のエッセンスをよくつかみ、それになりきっている必要がある。EAMAのグループの質は、参加メンバーの力量にかかっているのである。とりわけ、クライアントの内的体験のエッセンスを的確にとらえる力にかかっている。

●「コロナで世の中ギスギスしている」をテーマにしたセッション

ＥＡＭＡのグループセッションでは、個人の問題だけでなく、社会の問題がテーマとして出されることもある。あるグループセッションでは、「新型コロナウイルスで世の中がギスギスしている」という感情とどう向き合うか、がテーマとして出された。誰のこころのなかにも次の二つのパーツがあることが確認された。

Ａ「このままではヤバイ。何とかしなければ」という心のパーツ
Ｂ「ま、なんとかなるんじゃない。このままでいいんじゃない」という心のパーツ

まず「自分のなかのＡのポジション」に立って、みんなが発言した。「やばいよ。このままじゃ！」「明日の生活にも困っている人が出ている」「自粛警察がいやだ！」。次に「自分のなかのＢのポジション」に立って、みんなが発言した。「平和な毎日だし」「おいしいものも食べられるし」「ま、いいんじゃない」。それぞれのメンバーが、浮かんできた言葉を言ったり聞いたりしながら、「気になった言葉」をピックアップして語り合った。

すると、「陰口で盛り上がる」が一番反応が大きかった。そこでこれをピックアップした。五人のメンバーに出てきてもらい、「陰口をたたくロール」に立って、「陰口」をみんなでしばらく言い合って、盛り

上がってもらった。それを聴いているなかで「立ち向かいたくなった人」は、そこに入っていって「立ち向かうロール」を演じた。「陰でぐちゃぐちゃ言ってないで、出てきて言えよ！」と反論しにいった。しばらく、「陰口軍団」と「立ち向かう人」が対立して、激しくやりとりをし、ヒートアップしていった。

そのとき、それまで無言だったあるメンバーが出てきて、ふとこう言った。「どうした？　何かつらいことがあったら、聴くよ」……。

この一言で、空気が一瞬にしてガラッと変わった。

しばしらく沈黙した後、陰口軍団は「ほんとうに聴いてくれるんですか？」「信用しても、いいんですか？」と言った。

ほんとうにわかってくれる人、理解してくれる人は誰もいない。この気持ちが、コロナで渦巻く「陰口ブーム」「人を引きずり落とし、価値下落させたいブーム」の背景にある。このことに皆の気づきが向けられた。

この後、四人一組になってそれぞれが感じたこと、気づいたことをシェアした。全体でもシェアリングをして、セッションを終えた。

このグループプロセスのなかで出てきた「コロナ禍での生活、このままではヤバイ。何とかしなければ」という気持ち、「ま、なんとかなるんじゃない」という気持ち、「人の陰口で盛り上がる」という気持ち、それに「立ち向かいたくなる」気持ち――こうしたさまざまな気持ちのそれぞれは、その社会の多くの人々の間で共有されているこころのパーツであり、こころの立場（ロール）である。それはまた同時に、一人の人間のなかで、同時進行的に進んでいるこころのある側面（アスペクト）であり、こころの立場（ロール）でもある。

これらのすべてに意識を向け、それを自分自身の一部として生きること。これは、「この社会のすべてのこころの立場を大切にする姿勢」（ミンデルの深層民主主義）であると同時に、自分自身のすべてのこころのパーツを大切にし、それを生きることで、「みずからのこころの全体性を生きようとする姿勢」でもある。

ＥＡＭＡのグループセッションでは、このように、社会全体に潜み通底しているネガティブな感情も扱う。これが自己変容と社会の変容、世界の変容をつなげていくのである（この点はプロセスワークの「ワールドワーク」に学んだ）。

⑯プロセスが半端なところで停滞している場合、クライアントに「自分の内奥の最も豊かな知恵」にダイレクトにアクセスしてもらうと展開に役立つことがある

これまで述べたような仕方で展開していくと、多くの場合、クライアントにふと「新たな何かの知恵」が生まれてくる。

クライアントがみずからの体験を十分に体験し尽くしている感じが生まれれば、そこで終わってよい。

しかし、何か中途半端な感じ、何かが行き詰まっている感じが残っているときには、こう言うことがあ

る。『『自分の内奥には、最も豊かな知恵が潜んでいる』と想像してみてください。もし、あなたがその『最も豊かな知恵』そのものになりきることができたとしたら、あなたがその知恵自体、その知恵そのものであるとすれば、この問題をどのように展開していくでしょうか」「その知恵そのものに変身してみてはいかがでしょう」――こう言って、「大いなる知恵」そのものに変身してもらい、変身したままロールプレイに加わって展開してもらうこともある。

「大いなる知恵」という言葉でイメージが湧きにくかったら、「もし、あなたが〝すべてを可能にする万能の知恵の持ち主〟あるいは〝すべてを可能にする魔法使い〟であるとすると、どうするでしょうか」「そこで自由に展開していってください」「好きに展開してください」と言うこともある。これによって、グループプロセスが思わぬ前進的な展開を見せることも少なくない。

⑰「エッジ」を「自分を守ってくれるもの」「こころの守り神」として尊重する

ＥＡＭＡはクライアントの変化を促進する。しかし、変化は「これまでの自分を失いたくない」「何か、自分がこわれてしまいそうで、怖い」という不安や恐れをもたらす。誰でも、自分が変わるのは怖いものである。その人の変化や前進を阻む「こころの壁」（エッジ）は、ある意味ではたしかに、いつしか乗り越えられるべき「壁」である。しかし同時に、その人の人生で長い間かけて育まれた「生きる型」でもある。その人の「こころの守り神」でもある。「どうすれば自分を守ることができるか」について、深い知恵を含んでいる。「こころの壁」（エッジ）が、その人を変化の荒波から守っている面もある。

ＥＡＭＡでは、この「こころの壁」（エッジ）が持っている「守る働き」を大切にする。多くの場合、エッジ（こころの壁）は、本人にとっては「自分の変化や成長を阻んでいるもの」であり、「取り除くか、超えられるべき疎外物」としか映っていない。そこでＥＡＭＡでは、エッジ（「こころの壁」）のほうに立脚点を移し、エッジに「なって」もらい「変身」してもらってロールプレイをおこなう。まず、クライアント自身に一人二役で、「エッジ」（守る役）と「いつもの自分（守られる役）」のロールプレイをおこなってもらう。

その後個人セッションの場合、カウンセラーが「ふだんのクライアント役（守られる役）」を演じて、クライアントに「エッジ役（守る役）」を演じてもらう。グループセッションの場合、クライアントにグループの他のメンバーを指名してもらい、その人に「いつものクライアント役（守られる役）」を演じてもらう。クライアントには、「エッジ役（自分を守る役）」を演じてもらう。

「待って、たしかにあなたは変わりたいかもしれない。だけど、この壁の向こうは、危険がいっぱい。あなたにはこれ以上傷ついてほしくないの」。そのように、クライアントに言わばストッパー役を演じてもらう。自分を守るこころの働きの重要さを実感してもらうのである。すると多くの場合、自分のなかの「こころの壁が、どんなに自分を守ってきてくれたか」に気づく。

クライアントには、「自分を守るのが苦手な人」が多い。正面からぶつかりすぎて、人から批判され、傷ついている。また、たとえ納得のいかない状況であっても、耐えしのぐ一方であったりする。「自分の守り方」がよくわかっていない人が多い。あるクライアントは、あまりに厳しい職場環境にあって、自分のことを「ジャングルの中で裸で戦っているようだ」と言う。

「自分の守り方」やひどい職場環境で「自分を逃がす術」を学ぶのも、EAMAの重要な役割の一つである。ひどい状況から自分を隔離するなどして、「自分を守る自分」を育てるのである。「自分のなかにいる、自分のためのカウンセラー」「自分のなかにあって、自分を守ってくれるセラピスト役」を、自分のこころのなかで育てるために、ロールプレイをしてもらうのである。

●「限界まで頑張ってしまうこと」をテーマにしたセッション

あるクライアントには、「限界まで頑張ってしまう癖」がある。自分ではまだまだやれると思っているけれど、気づかないうちに限界を超えて、体調を壊してしまう。

グループセッションなので、グループの他のメンバー二人を指名してもらった。一人は「まだまだ頑張れる自分。限界までいきたい自分」のロール、もう一人は「やめて。じっとして。あなたのこと大切だから、何もしなくても大丈夫」という自分を守るロールを演じてもらった。途中から本人も入ってもらい、ロールスィッチをした。

クライアントは、最後は、「自分で自分を抱きしめるポーズ」をしながら、こう語った。「だいじょうぶだよ。じっとして。動かないで。あなたのこと大切だから。だいじょうぶ……」こう何度も自分に言いながら、「自分のなかにある、自分を守る心の役割」の大切さを味わった。

●人と親密になることへの「壁」に取り組んだセッション

別のクライアントは、最近スーパーに行くと、コロナ感染予防のためのビニールのカーテン、パーティションが「妙に気になる」と言う。日常生活のなかで「妙に気になる」ものは、多くの場合、夜見る「夢」と同じような意味を持っている。EAMAでは、こうした「日常生活で立ち現れる妙に気になるもの」を、「夢」と同じように扱う(プロセスワークの「フラート」)。また、この方は最近、ある人とかかわろうとすると「五十センチくらいの大きなローソクから大きな炎が立っていて」「これ以上、近づくな! 危険」と言われている気がする、と言う。

スーパーの「パーティション」「大きなローソクの炎」……これらはすべて、この人にとって「自分の行く手を阻むもの」であり、「それ以上向こうに行けなくさせられているもの」に映っている。しかし同時にこれらは、「自分を守ってくれているもの」でもある。そう感じられている。たしかにパーティションはコロナ感染から守ってくれるものだし、ローソクの炎はその人に近づきすぎると危険であることを教えてくれている。しかし、同時にそれらは、「その向こうに行って、もっと人と親密になる」ことを「阻んでいるもの」でもある。

こうした場合、「エッジ(こころの壁)」(この場合「パーティション」や「炎」に象徴されている)は、「その先に行きたい」という思いがはやって、つい先走ってしまうことから自分を守ってくれている。それは、まだコロナが収束していないのに、無理にパーティションを外して「密」になるのと同じことだ。

コロナが終われば、パーティションは自然となくなる。マスクもしなくてよくなる。同じように、今はエッジの教えを守りながら、無理せず、それがいつの間にか「自然と消えていく」のを待つのが大切である。

多くの人は、このクライアントと同じように、「もっと親密になりたい」「触れあいたい」と思いながら、「でも怖い」と思っている。これは、私たちを守ってくれるとても大切なこころの働きである。焦らず急がず、タイミングを待って、どんなふうに、どんな相手であれば安心して親密になることができるかを考えることが大切である。「エッジ」（こころの壁）は、本人にとっては「妨げ」のように映っているが、それは「もっと親密になりたい」と、はやる気持ち故である。「エッジ」のメッセージをていねいに聴くことは、私たちが、急がず焦らず、自分を守りながら誰かと親密になっていくうえで大きな意味を持っている。

⑱生まれてきた気づきや意味、アウェアネスを受け取る。出てきたもののメッセージを受け取る

自身の体験を十分に体験することができ、プロセスが「一山超えて展開した感じ」が生まれたら、クライアントに「いかがですか」とたずねる。このセッションでどんなことを感じ、どんなアウェアネスを得て、どんな気づきがあったか、そのことにはどのような意味があるかを語ってもらう。

まだ、気づきがうまく言葉にならない状態であれば、椅子の後ろに立ってもらい、「空の椅子には、これ

までの自分が座っている」と想定して、語りかけてもらう。椅子の後ろに立っている自分は、体験プロセスのなかでもっとも気づきがあった、こころがひきつけられたと思えた「何か」になって、空の椅子に座っている「これまでの自分」「現実の自分」に数分間語りかけてもらう。無言でもいいが、可能であれば、「人に聞こえない程度の小さい声でいいから、実際に声に出して、自分に語りかけて」もらう。たとえば私であれば、「こんにちは、諸富さん。私は、カウンセリング職人の神です。あなたに伝えたいのは……。○○してくださいね」と、自分自身と数分対話するのである。

これは、個人セッションであっても、グループセッションでも、セッションの後半でおこなうことが多い。ゲシュタルト療法の「エンプティ・チェア」（空の椅子）技法から学んだ。

⑲グループセッションの場合、クライアントはサークルの中心に座り、「他のメンバーが自由に発する言葉を内側に響かせながら静かに聞く時間」を持つ（グループセッションの場合のみ）

グループセッションの場合、最後に、クライアント役の人に円の中心に座ってもらう。他のメンバー十数名は、そのメンバーを囲んで立つ。

他のメンバーから、「二重の共感の時」の要領で、「ふと浮かんできたイメージ」や「ふと言いたくなったこと」などを言葉にして伝えてもらう。特に内容は指定しない。「○○でした。ありがとう……」と、ダイレクトなメッセージを伝えるメンバーも少なくない。

他のメンバーからの言葉をクライアント役のメンバーは目をつむって聞く。その言葉一つひとつを内側に響かせて聞く。最後に、感じたことを一言だけ言う。これは、ハコミセラピィのプローブの技法、インタラクティブ・フォーカシングの「二重の共感の時」にヒントを得た。

⑳アクションプラン（具体的な行動計画。特に二週間以内に始めることができる小さな目標）を立てる

最後に、アクションプラン（実際に行動する具体的なプラン）を語ってもらう。個人セッションであれ、グループセッションであれ、せっかく大切な気づきが生まれても、実人生が変わらないと、もったいない。個人セッションやグループセッションでの気づきが、非日常的な場面にのみ限定されてしまわないように、具体的な行動のプランを語ってもらう。具体的には、「これから二週間以内に始めることができることを決めて、語ってください。けっして無理せず、必ずできる小さいことにしてください」と伝えることが多い。

「二週間以内」に始めることができない人は、結局いつまで経っても人生を変えることができない人である。「一カ月」だと、長すぎて忘れしまうことが多い。「一週間」だと短すぎて何も実行できず、自己嫌悪に陥ってしまうことが少なくない。場合によっては、「一カ月に一回おこなうこと」「毎週一回おこなう

こと」「毎日一回おこなうこと」を一つずつ決めて語ってもらうこともある。

グループセッションであれば、他のメンバーから「できる！　できる！」と、励ましの言葉をかけてもらう。

「一週間に一回、三十分程度でよいので、一人になってワークをする時間」を設けることを勧めることも多い。セッション（非日常）と日常生活をつなぐ「中間領域」として、「インナーワーク（自分一人でおこなうワーク）」の時間を定期的に設けることが大変有益である。

㉑ 次のセッションにつなげる（個人セッション。継続の場合）

個人セッションの場合、継続が基本であれば、私はセッションの開始時に次回の日程を決めるようにしている。

EAMAは、かなり深く内面世界に入っていく。意識も、日常的な意識モードではなくなる。終了時に、次回の約束を忘れてしまうことも少なくない。そうした外的なことは先にすませておいたほうが、深くセッションに入っていくことに専念できる。

また、次回の日時を決めておくことで、「枠」ができる。だからこそ、安心して面接を深めていくことができる。

以上である。ずいぶん、いろいろとやるんだなぁと思われた方もいるかもしれない。表面的な技法面にだけ焦点を当てるならば、ここで述べただけでも、ロジャーズの傾聴、ジェンドリンのフォーカシング、ジャネット・クラインのインタラクティブ・リスニング＆フォーカシング、プロセスワーク、ハコミセラピィ、ゲシュタルト療法、サイコドラマなど、実に多様なアプローチの技法が用いられている。

大事な点は、クライアントの内的なプロセスの展開だけを目的としてすべてをおこなうことである。外からは、何も加えない。ロジャーズの言う「体験を体験すること」、クライアントが、すでにうっすらと体験していることをより十分に体験すること、特にクライアントの「体験のアンクリアなエッジ」に注意を払いながら、より深くより広く体験すること、すでにクライアントが暗に体験しつつあったことをより十分に体験し、体験し尽くすこと。十分にそう思えるところまでプロセスを展開すること。それ以外は、何もしない。

こちらから「○○するのはいかがですか」と言っても、クライアントはいつでも提案を却下することができる。そんな雰囲気をつくっておくことが大切である。あくまで、主役はクライアント（参加メンバー）である。すべてのプロセスは、クライアント（メンバー）が主役になって展開していく。カウンセラーが何かを提案することはあっても、クライアントが体験プロセスのなかで、「やっぱり、○○が気になります」「△△なんですよね」と、その場で今まさに「ふわふわーっと浮上してきているもの」を言葉にするならば、カウンセラーは素直にそれについていく。従っていく。自分が先に提案していたことはすぐに捨てて、その時その場で新たに生まれてきたものについていく。それをより十分に体験する方向に向かっていく。

この意味で、ＥＡＭＡはあくまでも「体験センタード」であり、「クライアントからのフィードバック志向」「フィードバック優先」のアプローチである。「これは必ずこうだ」「こうすることが必要に違いない」と決め打ちして、それを押し付けることはしない。その時その場で浮上してきた体験のプロセスを、即時的に、十分に体験することを大切にするのである。

ここには、ロジャーズ、ジェンドリン、ミンデルらの姿勢が継承されている。ロジャーズもジェンドリンもミンデルも、カウンセラーからの応答に、クライアントが「ええそうです」と答える場合よりも、「うーん……というより……」と言って、クライアントがセラピィのプロセスを主導して展開していくことを好んだ。

ＥＡＭＡもこの点はまったく同じである。このアプローチのプロセス全体を主導するのは、カウンセラーやコーチ、キャリアコンサルタントではなく、クライアントである。

クライアントがどの方向に進めばよいかわからずにいるときに、「〇〇してみましょうか」と提案することはある。それは、そうすることを決めて指示する、というよりも、それを試しにやってみて、クライアントに内側で響かせて確かめてもらい、その後で、クライアント自身にどの方向に進むかを決めてもらうためである。ＥＡＭＡのカウンセラー、コーチ、キャリアコンサルタントの応答は、「クライアントに内側で響かせて確かめてもらい、その後、どの方向に進むかを決めてもらうために、tentative つまり、仮に試しにやってもらうための応答」なのである。そうするなかでクライアントは、自分で選んだ方向で、みずからの内的な体験をより十分に体験していく。やりきった、体験し尽くした、と思えるまで、十分に体験のプロセスを展開していく。

ＥＡＭＡは、おおよそこのような展開のなかで、本人がまだうっすらとしか体験していなかった体験をより十分に、意識的に体験することに全力を注ぐ。これが、私が今おこなっている「ＥＡＭＡ（体験－アウェアネス－意味生成アプローチ）」の要諦である。

とても深い体験で、しかも、めちゃくちゃパワフルで、エキサイティング！

ぜひ一度、ご体験を！（気づきと学びの心理学研究会〈アウエアネス〉https://morotomi.net/）

第8章　補助的ないくつかの方法とヒントになる理論

自己探究カウンセリングであるEAMA（体験－アウェアネス－意味生成アプローチ）は、ロジャーズの「深い、ほんものの傾聴」をベースとした統合的アプローチである。その基本姿勢は、「クライアントが、自己と体験の、内側の最も深いところを探究していく、その同行者となること」（Rogers & Russell, 2002）である。それは、ロジャーズの言う潜在的な体験、まだうっすらとしか体験していなかった体験をより十分に体験すること。「体験を体験すること」。自分自身の体験のさまざまな側面を十分に体験すること。より深く、より広く、さまざまな視点から体験し、体験し尽くすこと。これを目指すのである。みずからの内的な体験をより十分に体験し尽くしたときにのみ、新たな展開が生じる。体験のプロセスは前進的に展開し、ほんとうに納得感のいく方向性を見出すことができる。

クライアントの体験に、外から何かを加えることはしない。アドバイスをしたり、指示をしたりして、クライアントのなかになかった何かを新たに加えることはしない。クライアントがすでに、その内側で、まだ明確な気づきには至っていないくても、曖昧な仕方で、うっすらと体験しつつあった体験を、より十分に体験し、体験し尽くすことができるようにする。より深く、より広く体験を体験し尽くす。すると、体験のプロセスに新たな前進的な展開が生じる。人生が開けてきて、一歩前に進む。

ＥＡＭＡは、この原理原則に忠実に従いながら、この目的にかなうものなら、使えるものはどんな技法も使っていく。ロジャーズのカウンセリング、ジェンドリンのフォーカシング、ゲシュタルト療法、フランクルのロゴセラピィ、ハコミセラピィ、ミンデルのプロセスワークなどから学んだことをはじめとして、精神分析や認知行動療法、ブリーフセラピィなどの諸学派から学んだことも補助的に取り入れていく。ＥＡＭＡは、ロジャーズのセラピィの原理に従っておこなっていく「統合的アプローチ」である。技法的には、すべての技法に開かれている。

そして、どの技法を使ってもすぐ「リスニング（傾聴）」に立ち戻る。今したことが、クライアント自身にとってどうだったか、どんな体験的効果があったかを、クライアント自身にその内側で「確かめて」もらう。クライアントの「体験的軌道」につねに立ち戻るのである。「ＥＡＭＡのベースライン」は、クライアント中心の傾聴であり、常にクライアント自身が感じている体験の軌道に立ち戻ることである。

本章では、ＥＡＭＡにおいて、ロジャーズの「ほんものの傾聴」に加えて、クライアントがみずからの体験のプロセスを深めたり、広めていったりするうえで有益と思われるいくつかの方法をごく簡単に紹介する。

まず、フォーカシングとプロセスワークである。

私は常々こう言っている。「せっかく人間として生まれてきたならば、学んでおかないともったいないない心理学の方法が二つあります。それは、フォーカシングとプロセスワーク（プロセス指向心理学）です」。

ＥＡＭＡは、ロジャーズの「深い、ほんものの傾聴」をベースとしながらも、フォーカシング、プロセスワークからかなり多くの点を学んでいる。ある観点から見るならば、「ＥＡＭＡの全体は、つまるところ、フォーカシング指向でおこなっている」と言うこともできる。また、別の観点から見るならば、「ＥＡＭＡの全体は、プロセスワークである。その全体は、プロセス指向でおこなわれている」と言うこともできる。実際、見る人の観点によってはそう見えるであろう。

■フォーカシング――内側の「それ」の声を聴く

フォーカシングとは、一言でいえば「自分の内側深くとつながる方法」である。「自分の内側の深いところ」「内側深くの声」にやさしく耳を傾けていく方法である。「自分の内側深くとつながって、内側深くの『それ（フェルトセンス）』の声を聴く方法」である。「自分がどう思っているか」ではない。自分の内側深くの「それ」が「それ」としてはどういう「想い」を持っているか、「それ」の声を自分で聴いていく方法である。

「内側の深いところ」とつながって、そこへ降り、そこにとどまり、そこで、そこを場所として、ものを考える姿勢、と言ってもよい。自分の内側に響かせ響かせしながら確かめつつ生きる。その積み重ねにおいて、人は「これが私の本当にしたいことだ」「私がこれまで暗にずっと求めていたもの、探していたものはこれだったんだ」と実感しながら生きることができるようになる。内側の深いところへ降りていき、内的なこころの旅の同行者たらんとする自己探究カウンセリングEAMAにおいて、必須の方法である。

フォーカシングは、カウンセリングの「一技法」というよりも、本来、あらゆるカウンセリングの「エッセンス」とも言えるものである。なぜなら、それは次のような経緯で生まれたものだからである。

フォーカシングは、ロジャーズの教え子であり、共同研究者であったジェンドリンが創出したものである。ジェンドリンは、クライアントがたとえば頭でっかちに分析的に話し続けたり、事柄の詳細を語ることに終始しているならば、それは、結果的に有意味なカウンセリングになりにくいことに気づいた。その逆に、クライアントにとって有意味で有益なカウンセリングにおいては、クランアントが自分の内側深くとつながって、内側の曖昧な感じ（フェルトセンス）に触れながら考えたり語ったりしていることが共通要因として示された。そうしたクライアントは、「内側深く」とつながって話す。「内側」から新たな何かが出てきそうだと感じたときに、言葉を詰まらせ、「うーんそれは……」と自分の内側の暗黙の側面にしっくりぴったりくるような言葉やイメージを探しながら、紡ぎ出していたのである。

クライアントにとって意味ある体験となったカウンセリングに共通して見られたこの体験のプロセス——内側深くの何か（フェルトセンス）に意識を向けたときに展開される一連のプロセス。クライアントがフェルトセンスに触れながら語るときに起きる一連の過程——を、ジェンドリンは「フォーカシング」と名付けたのである。

■フォーカシング指向心理療法――諸技法の「体験的用法」

「フォーカシング指向心理療法」は、変化のステップはそこで言葉が止まり思考が止まる「体験のアンクリアなエッジ（unclear edge of experience）」からやってくる、という考えに立つ。そのため「体験のアンクリアなエッジ」にとどまり、そこに触れていくことを大切にする。すべての体験には、これから展開しうることが暗に含まれ暗に示されている（インプライされている）とジェンドリンは考える。アンクリアなエッジ（辺縁）に触れていると、次のステップがやってくる（come）。人生が少し開かれてきて、一歩先に進む。体験のプロセスが前進的に展開（キャリーフォワード）し、新たな展開が生じる。後になってはじめて、「あのとき暗に感じ体験していたのは、このことだった（was）」のだとわかる。

カウンセリングをしていても、「自分に起きた出来事を説明的に語ること」や「自分を知的に分析的に語ること」に終始して、なかなか自分の内側に触れられないクライアントがいる。俗に言う「カウンセリングが効きにくい人」である。こうした「なかなか内側に意識が向かない人」「カウンセリングが深まりにくい人」でも、カウンセラーからたとえば、

- 「今、話された〇〇ということについて、自分の内側の深いところではどんなふうに感じているか、静かに立ち止まって感じてみる時間を持ちましょうか」

- 「今の○○について、自分の内側の声は、どう感じて、どう言いたがっているか、やさしく聞いてみましょうか」
- 「○○について、あなたの内側の何か、内側の〝それ〟はどう思っているか、しばらく耳を傾けてみましょうか」
- 「今話された○○について、あなたのからだの真ん中はどう感じているか、しばらくからだの真ん中で感じてみましょうか」

といったようにみずからの内側のフェルトセンスに意識を向け、それに触れながら語るように提案されると、面接がぐっと深まっていくことがある。クライアントの語った大切な言葉を、たとえば、「もう…行くしかない。…行くしかない。……行くしかない…」とゆっくりと響かせるように、低い声でゆっくりと何度も繰り返して伝え返すだけでも、ぐっと深まっていくことがある。クライアントの体験的軌道に沿った「正確な傾聴」をベースラインとしながらも、それに加えて、みずからの内側深くのフェルトセンスに意識を向けることを重要視し、そのための提案や試みをおこなっていく方法を「フォーカシング指向カウンセリング」「フォーカシング指向心理療法（FOT：Focusing Oriented Psychotherapy）」もしくは「フォーカシング指向カウンセリング」と呼ぶ。その最大の特徴は、諸技法を「体験的用法（experiential method）」で用いることである。

ジェンドリンが提示した「フォーカシング」や「フォーカシング指向」「体験的用法」という視点は、カウンセリングや心理療法においてのみ必要とされるものではない。クライアントにとって新たな発見がある、有益な体験となるキャリアコンサルティングやコーチングにおいては、クライアントは語りながら自分の内側に触れて、しっくりくるような言葉やイメージなどを探しているはずである。新たな内面的な気づきや発見があるキャリアコンサルティングやコーチングにおいても、フォーカシングはおのずと――多くの場合、無自覚のうちに――その一部となっている。しかしそれらの多くは、自覚的に用いられていない。これを自覚的におこなっていくこと。みずからのフェルトセンスに触れることを重要視し、諸技法を「体験的用法」でおこなっていくこと。これが「フォーカシング指向」という視点である。

「フォーカシング」や「フォーカシング指向」「諸技法の体験的用法」という視点を導入することによって、カウンセリング、キャリアコンサルティング、コーチングなどの「対話的アプローチ」は、ぐっと「深まっていく」。これまでおこなわれてきた、深いカウンセリングやコーチング、キャリアコンサルティングは、実はそう自覚されていなかっただけで、すでに「フォーカシング指向的に」「体験的に」おこなわれてきたはずである。すなわち、それらのコーチングやキャリアコンサルティングは（そう自覚されていなかっただけで）、クライアントがみずからの内なる体験、フェルトセンスに触れるような仕方でおこなわれていたのである。だからこそ、それは深まったし、有益な体験となりえたのである。

これは、カウンセリングや心理療法の諸流派、主技法についても同様に言えることである。精神分析の自由連想法でも、ユング派のアクティブ・イマジネーションでも、認知行動療法のオペラント技法でも、ゲシュタルト療法の「空の椅子」技法でも同様で、それらが効果的に使われたときには、体験的に（フォーカシング指向的に）使われていたのである。

たとえば，精神分析の自由連想も，患者が何か話したら解釈する，というやり方だと，患者は知的なことに気を取られてしまって終わる。しかしフロイトは，患者の連想がブロックに突き当たり停止したときに，ジャストなタイミングで解釈をおこなっていた。だから深まったし，効果があったのだ。ユングのアクティブ・イマジネーションも，イメージが流れるのをただ見るだけにとどまらない効果を持ったのは，ユングが，クライアントの注意がイメージから体験的な感じに向かう場合にのみ変化があることを知っていたからである。

ロジャーズのクライアント中心の伝え返し（リフレクション）についても同様である。その伝え返しが，まず正確なものでなければクライアントは置き去りにされてしまう。さらにその伝え返しが，クライアントがみずからの内側の直接感じられる参照体（フェルト・レファラント〈felt referent〉）に意識を向けてカウンセラーの言葉を自分の内側に響かせて照合することができるような仕方でなされた場合にのみ，クライアントの体験は深まるし効果を持つ（Gendlin, 1974）。

「体験的用法」で用いられるならば，どの学派の方法も概念も利用できる。否，これらの方法はもともとは体験的であったし，そうあることを実践では目指していたはずなのである。これらの方法が体験的用法で用いられるならば，すなわち，クライアントがみずからの内側の体験，フェルトセンスに触れるような仕方で用いられるならば，それは「レファラント自体の変化（Referent Movement）」という，クライアントが自身で直接確認できる効果をもたらす。体験が前進的に展開した（carried forward）ことを実感できる。そうなればそれは効果があったし，そうならなければ効果はなかったのである。

ジェンドリンの言う「体験的用法」とは、新たな一つの学派ではない。それは、異なる学派、異なる技法をつなぎ、一つの統合された原理（カウンセラーが何を話すにしろ、するにしろ、クライアントがそれを具体的に感じられた内的なレファラントと照合するような仕方、「体験的軌道」に沿うような仕方）で用いることを可能にするものである。

カウンセリングにしろ、心理療法にしろ、コーチングにしろ、キャリアコンサルティングにしろ、そこで使われるさまざまな技法を、ジェンドリンの言う「体験的用法」で用いるならば、クライアントはみずからの内側深くの体験に触れていくようになる。そして、クライアントが自分の内側の暗黙の側面に触れ、内側深くにぐっと入っていくことができるならば、そのセッションは、自己探索的な色彩がぐっと強まる。そして、内側深くに触れながら語ることから「ふと出てきた答え」は、クライアントにとって、より深い納得感のある答えとなっていく。そしてそれが、カウンセリング、コーチング、キャリアコンサルティングの「転換点」「変化の瞬間」になっていく。

■プロセスワーク（プロセス指向心理学）

さまざまな心理学の方法のなかでも、人がみずからの生き方や在り方について考えていくときのもっとも有効なアプローチの一つが、ミンデルが創始したプロセスワーク（別称、プロセス指向心理学）である。

私は「せっかく人間として生まれたからには、学んでおかないともったいない二つの心理学的方法があります。それがフォーカシングとプロセスワークです」と常々言っている。深い心理的問題を抱えたクライアントを対象にした臨床的方法としても、自己探究の方法としても、他のアプローチを凌駕する魅力を持っている。

プロセスワークでは、「人生の流れに自覚的に従う」というシンプルな原則に、徹底的に従っていく。「今・この瞬間に起きていること」のすべてに、それが何であれ、意識を向ける。自覚の目（アウェアネス）を持って、そこで起きているプロセスと流れに従っていく。そういう姿勢を貫いていく。

プロセスワークでは、聴覚（音や言葉）、視覚（夢やイメージ）、身体感覚、動作、身体症状、人間関係、世界とのかかわり、一見偶然に起こった出来事など、あらゆるチャンネルに自分を開き、あらゆる角度から「今、ここで起きていること」をとらえていく。そこで貫かれているのは、「今、起こっていることには意味がある」という考えである。「意識を向け、自覚を高められたならば、プロセスはそれ自体で変化し、展開していく」と考えるのである。

たとえそこで起きていることが「慢性の身体症状」「ひどく悲しみに満ちた人間関係」「依存症」といった一般的には否定的な出来事であっても、起きていることのすべてを何か大切な意味と目的を含み持つものとしてとらえる（目的論的視点）。ていねいに、深く意識を向けていく。すると、そこから新たなプロセスがおのずと展開してきて重要なメッセージを届けてくれる。

「妙にワクワクさせられるもの」「なんだか気になるもの」「すごくはまってしまうもの」「あぁいう人になりたいなぁ、と思えるような人」についても同様である。それが何であれ、「今、この瞬間に起きていること」「フワフワーっと浮上してきているもの」に自覚的に意識を向けて、それに従っていく。

ＥＡＭＡが取り入れているものの一つは、「一次プロセス」「二次プロセス」「エッジ」の観点である。

- **一次プロセス**――それは自分である、と同一化している自分のプロセス
- **二次プロセス**――それは自分だと同一化されていない自分のプロセス
- **エッジ**――一次プロセスと二次プロセスの間に存在し、二次プロセスが自覚（気づき）に至るのを妨げているもの

たとえば、「私は常識的な人間だから、いかがわしいものには関心がない」と思っている人にとって、そう思っている自分は「一次プロセス」である。にもかかわらず、最近「ちょっといかがわしいものを見ていると、妙に惹かれていく自分」が「二次プロセス」である。その間にあって、「やめときなよ。そんないかがわしいものに関心を持つのは」と思っている自分が「エッジ」である。プロセスワークでは、みずからの「一次プロセス」「二次プロセス」「エッジ」のいずれにも、自覚の目（アウェアネス）を向けていくことを促す。

ＥＡＭＡは、プロセスワークからこの三つの観点を学ぶ。「これまでの自分（一次プロセス）」、「これまでの自分とは違う、新しくフワフワと浮上してきつつあるもの（二次プロセス）」、「その間にあり、変化を妨げているもの（エッジ）」のいずれにも意識を向けて、プロセスを展開していくのである。

■バイアスコントロール、立脚点の変更

「夢フォーカシング」というフォーカシングの方法がある。夢フォーカシングは、ユング派のセラピストであり、ジェンドリンの妻であったメアリー・ヘンドリックス（Hendricks, M.）が大きくかかわっていたこともあって、ユング心理学的な観点が大きく採用されている。その一つが、「バイアスコントロール」である。これは、「自分から遠いと思われるもの」「自分とは似ても似つかない、と思っているもの」が自分のプロセスの重要な一部である、との考えから、あえてそれに「なってみる」方法である。たとえば、夢の中にゴキブリが出てきたら、ゴキブリに「なってみる」。そして、「私はゴキブリです」と言って、ゴキブリになり、ゴキブリに変身する。ゴキブリを主語として語り、動くのである。

プロセスワークでは、創始者のミンデルがユング派の分析家であることから、こうした観点はさらに濃厚である。それは、「アセンブリッジ・ポイント（立脚点）の変更」と呼ばれる。何か気になるもの、私たちの意識を引きつけるものがあれば、それに「なってみる」。なりきる。変身する（シェイプ・シフティング）。そこからものを語ったり、ロールをおこなったり、ダンスを踊ったりしながら、プロセスを展開する。

「立脚点の変更」。「なりきる。なりきって変身する」。これが、プロセスの展開、「自分の体験を、より深く、より広く十分に展開する」うえで決め手となるほど大きな意味を持つ。

この「立脚点の変更」をさらに深めていくために、次の二つの理論を学ぶことが有益である。フランクル心理学と、ヒルマン（Hillman, J.）の「魂の心理学」である。

■フランクル心理学

ＥＡＭＡはフランクル心理学から多くを学んでいる。なかでも最大のものの一つが、「人生からの問い」という視点である。そして、人生を「意味」「使命」「天命」「召命」という視点からとらえ直す姿勢である。

ＥＡＭＡがフランクル心理学に学ぶ最大の点は、「人生の問題」を考える際の「立脚点の変更」にある。たとえば、「生きる意味」を問うて、その答えが得られないことに苦しむ人に、フランクルはこんな「立脚点」の変更を提案する。

「人間が人生の意味は何かと問う前に、人生のほうが人間に問いを発してきている。だから人間は、ほんとうは、生きる意味を問い求める必要なんかないのである。
人間は、人生から問われている存在である。人間は、生きる意味を求めて問いを発するのでなく、人生からの問いに答えなくてはならない。そしてその答えは、人生からの具体的な問いかけに対する具体的な答えでなくてはならない」

(Frankl, 1946a)

「人間が人生に向かって問いを発するに先立って、人生から人間は問われている」――フランクルのこの考えは、人生の諸問題を考えるにあたっての「立脚点の変更」を要請する。フランクル心理学では、従来の心理学の問いを逆さにする。

これまでの心理学では、このように問うてきた。「あなたが、ほんとうにしたいことは、何ですか」「あなたの人生の目標は何ですか。どんな希望や願望を実現したいですか」。これは、いわゆる「自己実現の問い」である。フランクル心理学では、こうした問いを逆さにして、次のように問う。「あなたは、人生から何を問われ、求められていますか」「あなたのことを未来において必要としている人は誰でしょう。その人は、どこにいますか」「その誰かや何かのために、あなたにこれからできることは、何があるでしょう」「あなたが、この人生で実現すべき意味は何でしょう」。

一九四〇年代のフランクルは、人生の「意味」という言葉を、「使命」という言葉とほぼ互換可能な仕方で用いていた。フランクルの言う「意味」は、「これにはこんな意味がある」という「個人による意味づけ（意味付与）」ではない。フランクルは「意味」という言葉を、その人が「人生でこれから（未来において）発見し実現すべき意味」という意味で用いている。重要なのは意味付与ではなく、自分の人生でこれから「実現すべき意味を発見すること」（意味発見）だと言うのである。

フランクルの思想には、人は仕事を通して、みずからの人生に与えられた「意味」を実現し、「使命」を果たすのだ、というキャリア観がある。フランクルは「使命」についてこう言う。

「ひとりひとりの人間は、かけがえのない、代替不可能な存在である。だれもがそうなのだ。それぞれの人に、その人の人生が与えた仕事は、その人だけが果たすべきものであり、その人だけに求められている。一人ひとりの人生には、その人にだけ与えられた「使命圏」が存在している」

(Flankl, 1946b)

「自分だけに固有な使命の体験ほど、人間をして、みずからを超えて高く引き上げるものはない。この体験ほど人に生きるエネルギーを与え、苦悩と困難とを克服せしめるものは何ひとつない」

(Flankl, 1939)

すべての人間には、「仕事」というかたちでその人だけに与えられた「固有の使命」がある。この「自分だけに固有な使命の体験」を意識することほど、人の魂を鼓舞し、人間の精神を強くするものはない、とフランクルは言うのである。これは、仕事を「天から与えられたもの」、すなわち「天職」とみる考えに通じるものである。どんな人のどんな人生にも、「その人生でこれから発見され実現されるべき意味」がある、とフランクルは言う。これは、言い換えれば、どんな人のどんな人生にも、その人生に固有の「果たすべき使命」が与えられている、ということだ。

フランクル思想の大きな特徴の一つは、人生を考える際の「立脚点の変更」にある。人間を先に立て、人間を中心に「人生への問い」を考えるのではない。「人生からの問い」を先に立て、その問いにどう向き合うか、どう応えていくかによって、人生が形作られていく、と考える。人間が自分の人生の使命をどのように考えるか、が重要なのではない。それに先立って、常にすでに「人生の使命」が、どの人の、どのような人生にも与えられている。

その、暗黙のかたちで常にすでに与えられている「人生の使命」に、その人がさまざまな人生の道程を経てたどり着くことができるかどうか。自分の人生に与えられた「固有の使命」を発見できるかどうか。人生というものを、自分の人生に与えられた「使命」にめぐりあい、それをまっとうしていく「一つの道」ととらえる。そうした視点で人生全体をとらえ直してみる。

すると、人生で起きたすべての出来事は、自分の「使命」にたどり着くうえで意味を持っていたのだ、自分の「使命」をまっとうする人生の道を歩むなかで起きるべくして起きた必然の出来事だったのだ、ということが見えてくる。「人生」を「使命にたどり着き、まっとうしていく道」ととらえるならば、一つひとつの出来事の持つ「意味」が見えてくる。

こうした視点は、特に中高年を対象にした自己探究の支援において大きな意味を持つだろう。なぜなら、中高年は、「私の残された人生の時間を使って、自分の人生をどのようにして意味あるものとしてまっとうできるだろう」という問いに、向き合わざるをえないからである。

私たちは日々、「これからの人生で実現すべき意味とは何か」「これからの人生で果たすべき使命とは何か」を「人生から問われている」とフランクルは言う。立脚点を変更し、「これからの人生で果たすべき使命」「実現すべき意味」という観点から自分の人生やキャリア全体をとらえ直すことは、「もう一つの人生の物語（オルタナティブ・ストーリー）」を編み直すことにつながる。

ＥＡＭＡは、フランクルのこうした「人生への基本的な構え」「キャリアや人生の意味・使命についての考え」から多くを学んでいる。ＥＡＭＡも、フランクル心理学同様に、「意味志向的アプローチ（ミーニング・オリエンティド・アプローチ：meaning-oriented approach）」であり、「使命志向的アプローチ（ミッション・オリエンティド・アプローチ：mission-oriented approach）」である。

人は、自分でも気づかないうちに、人生のさまざまな出来事を通して、知らず知らずのうちに、自分の人生で実現すべき「意味」へ、果たすべき「使命」へと導かれ誘われている。私の人生で起きたさまざまな苦難に満ちた出来事も、喜びに満ちた出来事と同様に、私を暗黙のうちに人生で「果たさなくてはならない使命」へ導き誘い、運んでいった。すべての出来事には、そのような「意味」があったのだ。どの出来事も、私の人生が私の人生となっていくうえで、またそのような使命を担っていくうえで、起こらなくてはならない「必要な出来事」だったのだ。すべての出来事は、「必然」であった。そのような新たな自己理解が可能となる。そうした観点から、人生のすべての出来事は、意味を持つことが新たに浮き彫りとなるのである。

■ヒルマンの「魂の心理学」（ユング派の「元型心理学」）

私がカウンセリングをおこなううえで重要視しているのが、元型派の心理学、ジェイムズ・ヒルマンの考えである。全米ベストセラー第一位となった『魂のコード』で、ヒルマンは「魂」「運命の感覚」といった「ものの見方」の復権を説く。その観点から、心理学そのものの根本的な見直し（リビジョニング）をおこなうとともに、現代人が抱くさまざまな通念を覆そうとする。

「人生は、理論では説明しきれない。何かが、遅かれ早かれ私たちをある一つの道へと呼び込んでゆく。その『何か』は、子ども時代に突然やってくることもある。ふってわいたような衝動、あらがいがたい魅惑、思いがけない曲折―。そんな一瞬がまるで啓示のように、あなたにこう訴えかける。これこそ私がやらなければならないこと、これこそ、私が手にしなければならないもの、これこそ、私が私であるために必要なものだ」（ヒルマン／鏡訳、1998）

人生のなかで私たちは幾度か、「なぜかわからないけれど、無性にこころひかれる何か」に出会う。理由は説明できないけれど、なぜか妙に気になる「何か」。それさえ手に入れば、他のすべてを失ってもかまわない。私たちをそんな思いに駆り立てて、人生の流れを大きく変えてしまう「何か」。毎日の穏やかな人生のなかに突如として現れる、「うずまき」のようなその「何か」。

人がそんな「何か」に出会ったとき、あの人は「○○に狂った」とか「憑かれた」などと言われる。そんなこころの動きを説明するには、この世界の「向こう」から「何か」がこの世に降りてきてその人のこころを捕らえたのだ、その人を虜にしてしまったのだ、と考えるほうがしっくりくる。

恋愛などはまさにその典型で、だから私たちは、人に恋するときその相手の女性に惚れている、というより、その女性を通してこの世に姿を現した「何か」に憑かれている、と考えるべきなのである。人生や職業も同様で、人生に突如として現れる「うずまき」のような「何か」に人は誘われていく。そうしたものの見方をヒルマンから学ぶことができる。

ヒルマンの心理学においては、運命の声、人生の使命・召命、摂理の導き、といったさまざまな旧《ふる》い観念が蘇える。ヒルマンが提示するのは、私たちを超えた「何か」が向こうからやってきて、私たちの魂をつかみ、そして否応なくある「道」へと誘っていく、というものの見方である。「運命の感覚」に満ちた「私の物語」の語り方である。過去の両親との関係に由来するこころの傷（トラウマ）によってではなく、運命の守護霊（ダイモーン）の誘いによって、自分固有の人生を歩み始める、というものの見方である。

「わたしたちひとりひとりの魂は生まれる前から独自の守護霊（ダイモーン）を与えられている。それがわたしたちがこの世で生きることになるイメージやパターンを選んでいるのである。わたしたちの魂の伴侶、ダイモーンは、そこでわたしたちを導いている。しかし、この世にたどり着く前に、わたしたちは彼岸で起こったことをすべて忘れ、白紙でこの世に生まれ落ちたと思いこむ。しかし、ダイモーンはあなたのイメージのなかに何があるか、そしてそこにはどんなパターンがあるのかを忘れはしない。あなたのダイモーンはあなたの宿命の担い手でもあるのだ。

わたしたちは自分自身で魂にみあう肉体、両親、場所、環境を選んだのであり、しかも、それは神話が語る通り必然の原理に導かれていることなのだ。ややもすると、悪し様に言いかねないわたしの肉体、わたしの両親は、わたし自身が選んだものである。それが理解できないのは、わたしがただそれを忘れているからだ」

（ヒルマン／鏡訳、1998）

これは「運命論」ではない。運命論では、人生で起きるすべてのことを「個性化」「成長」などの言葉で大づかみに一般化してしまう。しかしカウンセリングで重要なのは、こうした一般論ではなく、「それらの出来事がどのように入り込んでくるか」の検討である。重要なのは人生のさまざまな出来事を通して「運命の示す小さなウィンクを見て取る」という「内省的な作業」「想いの営み」である。

ヒルマンのこうした考えや、先のフランクルの考えにインスピレーションを得て、私は次のような人生の「物語」を持つに至っている。

すべての人には、その人だけの「隠れた使命（ミッション）」が与えられている。人は、自分だけに与えられた「ほんとうの人生」＝その「見えないシナリオ」を生き、現実化してその使命を果たすために、この世に生まれてきた。その「見えないシナリオ」は、この世界でその人に発見され実現されるのを「待っている」。

この世での任務を果たし終えたとき、私たちはすべてのいのちの故郷である「見えない世界」へ帰っていく。「見えない世界」からこの世に送られてきて、そこで託された使命を果たし終えたなら、再び「見えない世界」へと帰っていく。

しかし、死はすべての終わりではない。発見されることなく上演されることのなかった「見えないシナリオ」は未完のまま放置されその機会《とき》は永遠に失われるが、一方、発見され実現された「人生のシナリオ」は、「時間の座標軸に、永遠に刻まれ続ける」。

フランクルが言うように「実現された過去」ほど、確かなものは何もない。それは「誰によっても奪い去られることのできない確かな何か」なのである。こうした観点は、ＥＡＭＡにおいて、中高年の人が自分の人生後半の「物語」をつくっていくうえで、たいへん有益な視点となりうる。

■ゲシュタルト療法

人間性回復運動の元祖、フリッツ・パールズ（Perls, F. S.）が創始したアプローチである。「承認欲求や自尊欲求による束縛からの解放」「真に自分らしく生きること」を促すＥＡＭＡでも、パールズの「ゲシュタルトの祈り」を学ぶ。これを内側に響かせながら読むことが、大きな気づきにつながりうる。


私は、あなたの期待に応えるために、この世に生まれたのではない。

あなたも、私の期待に応えるために、この世に生まれたのではない。

私は私。あなたはあなた。

私には私の人生がある。あなたにもあなたの人生がある。

もし二人、出会うことがあればそれは素晴らしいこと。もし二人、出会うことがなくても、それはそれで致し方のないこと。

ＥＡＭＡがゲシュタルト療法から技法面で多くを学ぶのは、「エンプティ・チェア」の技法である。「空の椅子」を二つ用意して、一つに「亡くなった父親」、もう一つの椅子に「自分」が座り、行ったり来たりしながら対話をおこなう、というベーシックな用い方をすることもある。

ＥＡＭＡでもっとも多く使う「空の椅子」の使用法は、「椅子の後ろに立って、現実の自分と対話する。メッセージを送る」というものである。たとえば以下のようにおこなう。ＥＡＭＡのセッションで、重要な気づきを与えてくれる「何か」のイメージやフィギュア（人物像）が出てきたら、それに「なりきる」。なりきったうえで、「空の椅子」の後ろに立つ。「空の椅子」には、「現実の自分」が座っていると想定したうえで、「椅子の後ろに立っている自分」＝「重要な気づきを与えてくれる〝何か〟になりきっている自分」からメッセージを送り、対話をする。

たとえば、そのセッションで「三十年後の自分」＝「死ぬ一週間前の自分」になったとしたら、その「死ぬ一週間前の自分」になりきって「空の椅子」の後ろに立つ。そして、「椅子の上に座っていると想定した現実の自分」と対話し、メッセージを送る。

これをたとえば私がおこなうとしたら、空の椅子の後ろに立って、「現在の諸富さん、こんにちは。私は、死ぬ一週間前のあなたです。私はもうすぐこの世から旅立つんです。……（中略）……今のあなたにお伝えしたいことがあります。それは……」と、ぶつぶつ独り言を呟くようにして語りかける。五分くらい「自分自身との対話」をおこなう。

■ハコミセラピィ

ハコミセラピィの「ハコミ」は、ホピ・インディアンの言葉で「あなたは誰ですか」という意味である。その名前のとおり、自己発見のための心理療法である。

このセラピィの基本原理は、「ノンバイオレンス（非暴力主義）」である。ハコミセラピィは、ソフトに働きかけていく。EAMAで特に用いるハコミセラピィの技法は、「プローブ」である。微細な変化にもていねいに意識を向けることができる「マインドフルな意識状態」をつくり出した後、いくつかの「労りの言葉」をかけてもらい、そこで起きる心身のかすかな変化にも注意を向けていく。

セラピストは、たとえば次のような言葉かけをする。


「怒ってもいいんですよ。あなたは、もっともっと、怒ってもいいんですよ」

「自分にやさしくしてもいいですよ。あなたは、もっともっと、自分にやさしくしてあげていいんですよ」

「言いたいことを言ってもいいですよ。あなたは、もっともっと、自分の言いたいことを言っていいんですよ」

「あなたには、人と比べることのできない価値があります。あなたの存在には、ほかの人に負けない価値があります」

「ほんとうに、頑張りましたね。あなたはこれまで、ほんとうによく、頑張ってこられましたね」

セラピストが静かに語るこれらの言葉を聞きながら、クライアントは穏やかな気持ちを保って、自分のこころやからだにどんな変化が生じてくるかを見ていく。わずかな変化も見落とさないように、静かに意識を向け続けていく。クライアントは、自分のこころやからだの感じがもっとも大きく反応した言葉を選んで、セラピストにもう数回、語りかけてもらう。すると、自分の内側の反応をもっとはっきりと確かめることができる。

ＥＡＭＡの個人セッションやグループセッションでは、あらかじめ言う言葉が決まっているわけではない。セッションのなかで、クライアントから「ふと出てきた重要な言葉」をピックアップする。カウンセラーは、クライアントと同じ方向を向いて、横向きに隣に座る。そしてその言葉をゆっくり何度も繰り返す。リフレインする。クライアントは目を閉じて、その言葉を内側に響かせながら聴く。そして、自分の内側で起きることにていねいに意識を向けていく。

あるセッションでは、クライアントの言った「言いたいことを言いたい。もっともっと、自分の言いたいことを言いたい」という言葉がピックアップされた。カウンセラーはクライアントの隣に同じ方向を向いて座った。「言いたいことを言いたい。もっともっと、自分の言いたいことを言いたい」という言葉を、何度も何度も繰り返して呟いた。クライアントは目をつぶってその言葉を聞き、内側に響かせていた。

するとクライアントには、ある上司の姿が思い浮かんできた。「どうして、わかってくれないの！いったい、どうして、私の声に耳を傾けてくれないの！」と言いたくなってきた。その言葉を何度もこころを込めて言っているうちに、涙がこぼれ落ちてきた。しばらくして気持ちが落ちついてきたら、今度はカウンセラーが代わりにその言葉を言ってみた。クライアントのこころの一部を「肩代わり」して、「どうしてわかってくれないの。どうして」と言ってみた。それを聞いているうちに、クライアントには、また別の気持ちが生まれてきて、違った言葉を言いたくなる。カウンセラーは、今度はその言葉をピックアップし、何度も繰り返し呟く。クライアントは目をつぶり、内側に響かせて聞く。これを十分に納得のいくまで続けていく。

大切なことは、カウンセラーもクライアントも、ちょっとした変化に気づくことができる静かで落ち着いたマインドフルな瞑想的意識状態を保ったまま、このワークをおこなうことである。そうした意識状態が保たれていてこそ、クライアントは、安全を守られたまま、重要な気づきを得ることができるのである。

第9章　一人でおこなうEAMAワーク

EAMAは、部分的には、自分一人でもおこなうことができる。ワークに取り組むことで、自分の体験をより十分に体験する。すると、そこからアウェアネスが生まれ、意味や気づきが生まれてくる。このプロセスに、一人で取り組むのである。

私が主催する研究会（気づきと学びの心理学研究会　アウェアネス https://morotomi.net/）では、年七回のワークショップで、多くのワークを体験してもらっている。

ワークショップの最後に「週に一回、三十分程度でよいので、一人でワークに取り組む時間」を持ちましょう、と勧めることも多い。ワークショップと日常生活をつなぐ「中間領域」としてインナーワークの時間を定期的に設けておくことが、ワークショップで学んだことをそのままにせず、「実際の生活や人生を変える」ものにするために大変大きな意味を持つ。ここでは一人でもおこないやすいワークをいくつか紹介しよう。

■フォーカシング――「これから十年をどう生きるか」

フォーカシングとは、「自分の内側と深くつながる方法」「自分の内側深くとつながって、内側の心の声、内側深くの〝それ〟（フェルトセンス）の声を自分で聴いていく方法」である。いろいろなやり方があるが、ここでは「これから十年をどう生きるか」というテーマについてフォーカシングしてみよう。

①自分が陥っている思考の悪循環、堂々めぐりに「停止をかける（ストップする）」→呼吸に意識を向けて、「内側の深いところ」に入っていくためのこころの構えを整える

「考えても仕方ない」と思うことを頭で考え続ける「ぐるぐるした堂々めぐり」に陥る。「私なんかダメ。生まれてこなければよかった」と「自分へのダメ出し」をおこない続ける。「知的な分析」を頭でし続ける。感情的に怒ったり、自分を憐れんで泣き続ける。……こうした自分自身に対するかかわり方が固定パターンにはまってしまっているうちは、意味のある気づきや変化の芽は生まれてこない。自分自身のこうしたパターンを停止させることから始めよう。パターン化された「ダメ出し」や、「なぜ自分は幸せになれないのか、その理由を探し続ける自己分析」に対して、「ストップ！」をかける。自分自身のパターン化した思考を、「一時的に停止」する。

この「ストップ」＝「一時的な停止」を自分自身にかけること。そして、呼吸に意識を向けて、内側の

「深いところ」に入っていくためのこころの構えを整えること。これが、フォーカシングの第一フェーズである。

②何が出てきても、ただそのままにしておく

次におこなうべきことは「自分のなかから、何が出てきても、ただそのままにしておく」――この姿勢をキープすることである。

たとえば、「こんな私には無理」という感じが出てきたら、それをただ、そのままにしておく。「こんな私、生ごみでしかない。存在そのものが無駄だ」というひどい感じが出てきても、それもただそのままにしておく。「そんなふうに思っているんだね」と置いておく。自分でも意外な、「あれっ」と思うような違和感が生まれてきても、ただそれも、そのままにしておく。「そんなふうに感じているんだね」と置いておく。「何が出てきても、ただそのままにしておく」。この姿勢を自分自身に対して取り続ける。これが「フォーカシングのもっとも基本的な構え」である。常にこの姿勢に戻ることが、フォーカシングにおいてもっとも重要なことだと私は考えている。

このようにして、何が出てきても「あぁ、そういう感じ、ここにあるんだね」という姿勢で、「ただそのままにしておく」を繰り返す。すると、自分と、自分の内側の感じ（「それ」＝フェルトセンス）との間に、おのずと「間」が取れていく。自分の内側から何が出てきても、ただそれを「そのままにしておく」という姿勢を取り続けていると、自分の内側との間に「スペース」ができてくる。「一定の距離」が自分自身と

の間に取れていく。これがフォーカシングの第二フェーズである。

③クリアリング・ア・スペース（間が取れる）

自分のなかから出てくるすべてのものに対して、「何が出てきても、そのままにしておく。置いておく」。この姿勢を取り続けていると、おのずと、自分の内側に「間」ができる。「スペース」が生じる。「間」「スペース」ができると、自分が主体である、という感覚（主体感覚）がしっかりしてくる。

④自分の内側の深いところ、フェルトセンスに直接、触れる。やさしく、問いかける

自分の内側との間に「間」が取れたら、内側深くの「それ」、なまのフェルトセンスに直接意識を向ける（ダイレクト・リファァー）。そして、やさしく問いかける。「これから十年、どう生きるかについて、内側の深いところは、どういう感じでいるのかな」「私にとって、今、一番必要なものは何であると、内側深いところは思っているのかな？」、静かに、内側深くの「それ」に問いかける。臆病な子どもにやさしく問いかけるように、自分の内側にやさしく問いかける。

私たちの「内側の〝それ〟」＝フェルトセンスは、私たちがこれからどう生きていけばいいか、人生の岐路で何を選んだらよいのか、そこに直接問い合わせることができる「直接の問い合わせ先」「直接参照体（ダイレクト・レファラント：DR）である。私たちは人生の岐路で迷った時、フォーカシングをおこない、内側のダイレクト・リファラント（DR）に直接「問い合わせ」て、そこから答えが返ってくるのを

「待つ」のである。

⑤内側から何かが出てくるのを「待つ」

やさしく問いかけたら、内側から「何か」が出てくるのを「待つ」。いじったり、詮索したり、急かしたりせず、ただ「待つ」。「いったい何が言いたいの?」などとけしかけたりせずに、内側から何かが出てくるのを「待つ」。内側の声が何かを話し始めるのを「待つ」。

⑥そのまま、受け取る

内側から何かが出てきたら、それがどんなものであれ、それをそのまま「受け取る」。どんな言葉やイメージが出てきても、それをただそのまま「受け取る」。「そうなんだね、わかったよ」というように。

⑦内側のフェルトセンスに響かせる。よりしっくり、ぴったりくるものを探していく

自分の内側から出てきた言葉、イメージ、動き、音などを、自分の内側に「響かせる。リソネイトする(resonate)」。出てきた言葉やイメージなどを自分の内側に「響かせ響かせしながら」しっくり、ぴったりくるかどうか「確かめる」。よりしっくりぴったりくるものを探していく。

たとえば、内側から「あと三年で死ぬつもりで、生きる。生ききる。いつ死んでも悔いがないように日々を生きる」という言葉が出てくるかもしれない。すると、「これでぴったりかな」「もっと、ぴったり、

しっくりくるものはないかな」と、自分の内側に響かせて問い確かめてみる。たとえば、「光が、丸い輪を描きながら、ファーっと上昇していく」というイメージが出てきたら、「このイメージで、ぴったりかな」「もっと、よりぴったり、しっくりくるものはないかな」「もっと全体によりしっくりくるものはないかな」などと内側に問いかけてみる。内側に響かせて、「よりしっくり、ぴったりくるもの」を探していく。

そこで新たに出てくるものは、どんなものであれ、そのまま受け止める。再度、内側に響かせてみる。何度も何度もこれを繰り返しながら、「あぁ、これだ！」「求めていたもの、探していたものは、これだったんだ！」という納得感、腑に落ちた感じが得られるものを探していく。十分にやれた、という納得感が得られるまで続けていく。たどり着くべきところにたどり着けた、という感覚が得られるまで続けていく。これらを順不同で繰り返し続けながら、内的な自己探索をおこなっていくのが、フォーカシングである。

⑧満足のいくところまでやれたら、いったん終わりにする

ある程度のところまでやれたら、いったんそこでおしまいにする。たどり着いたところにぴったりの言葉やイメージ（例：「青い炎」など）の目印をつけて、終わりにする。

⑨再び始めるときは、また①に戻る

常に「何が出てきても、ただそのままにしておく」という基本姿勢に立ち返る。

フォーカシングでは、自分自身に対してこういった姿勢を取り続けていく。①から⑨を繰り返していく。そうすることで、自分の内側の声を聴いていく。自分の内側に響かせ響かせしながら、内面を探索していく。さまざまな気づきが得られる。

フォーカシングは、一言でいうと「自分の内側深くへの、静かで、深い傾聴」である。自分の「内側深くの〝それ〟（フェルトセンス）の声を、受容と共感の姿勢で聴いていくこと」である。表層的なスピーディーな時間の流れにストップをかけて、内側の、深いところとつながっていく時間（深層の時間）を持つ体験である。フォーカシングをする、とは、一人、自分の内側深くに耳を傾ける静かな時間を持つことである。自分の内側深くの声に、静かに、やさしく、ていねいに耳を傾けていくこと。自分自身の内側の声（心の声）を静かに、深く、ていねいに聴いていくこと。これがフォーカシングである。

誰かいっしょにいて聴いてくれる人（リスナー）がいると、一人でやるよりもはるかに深く入っていくことができる。しかし、一人でもできる。筆者は、日々がフォーカシング三昧である。

■インプリシット・ベースト・ライティング——文章を書くことで「自己との対話」を深める

書くことで自分を見つめる作業を定式化した方法は、これまでもいくつかあった。それは、セルフカウンセリングとか、セルフコーチング、セルフコンサルティングなどと呼ばれてきた。しかし、そのように特別に命名されていなくても、「自分を見つめて、自分の気持ちを言葉にすること」が気持ちを整理し、こころを整えていく効果を持つことはよく知られてきた。たとえば、日記を書くことが内省的な意味を持つことは、よく知られている。

しかし、これまでの方法では、「書く」ことが自分のこころを整えるうえでどんな意味を持つのか、それはいかなる機能であるのか、十分に説明されてこなかった。そのため、自覚的に方法論として組み入れられることはなかった。

そこで私は、ジェンドリンの理論をベースに据えた「書くことにより、こころを整え、体験的に内省し、自分の心の声を聴く方法」を提案したいと思う。それを「インプリシット・ベースト・ライティング」と呼ぶことにしたい。「フェルトセンス・ベースト・ライティング」と言ってもよいだろう。それは何も特別なものではない。日記を書く、エッセイを書く、ブログやTwitterなどのSNSの文章を書く。これらの作業に「一工夫」加えるだけである。

何か大切なことを言葉にしよう、文章にしよう、としたけれども、なんだか今ひとつ、ぴったり、しっくりくる言葉が見つからずに困った経験は誰にでもあるだろう。何とかそれを言葉にしよう、文章にしようとしばらく苦しんだ後で、ぴったり、しっくりくる言葉や文章が「やってきた」とき、私たちは、自分の内側で、何かが浮かび上がった、明らかになってきた、という「実感」を持つことができる。何かが開かれてきて、一歩前に進んだ、という「実感」を持つことができる。それが「インプリシット・ベースト・ライティング」の効果である。

ここで大切なことは、ただ文章を書くのではなく、文章を書くことを通して、「何か大切なことがここにあるのだけれどもうまく言葉にならない、この感じ」、内側のフェルトセンスの暗黙の（インプリシットな）側面に直接に意識を向け、そこから何かを拾い上げるようにして、言葉を見つけつつ、文章を書くことである。また、書いた文章を自分の内側に響かせ響かせしながら照合し、何度も修正して書き直すことである。

①自分の内側深くとつながり、内側にしっくりぴったりくる言葉を探しながら文章を書く。
②書いた言葉を内側に響かせ響かせして（リソネイトして）、照合する。
③そこで生じた「違和感」を頼りに、書いた言葉を何度も何度も修正していく。「しっくりぴったり感」が出るまで修正し続ける。

この三つの作業を繰り返すのが、「インプリシット・ベースト・ライティング」「フェルトセンス・ベースト・ライティング」である。それは、フォーカシングに等しい体験である。

●「インプリシット・ベースト・ライティング」のワーク
――テーマ「これから十年、どう生きるか」

二つのテーマについて、「インプリシット・ベースト・ライティング」のワークをおこなってみよう。

最初のテーマは「これから十年、どう生きるか」である。次の手順でおこなっていく。

①「これから十年、どう生きるか」と自分に問うて、ボーッと思いをめぐらせてください（五分〜十分）。

②「これだけは大切にしたい」と思う「思い」「信念」「願い」「決意」「イメージ」などを三つ書いてください。

「　　　　　　　　　　」
「　　　　　　　　　　」
「　　　　　　　　　　」

（例）「いつ死んでも悔いがないように生きる」

「大切な人との交流に時間を使う」

「これまでしてこなかったことをする。まだ行ったことがないところに行く」

③三つの言葉がしっくり、ぴったりくるかどうか、内側に響かせて確かめてください。

④「少し違う」とか、「というよりも……」という違和感があるならば、「違和感」に響かせ響かせしながらその「違和感」に導かれるようにして何度も書き直してください。

⑤「まぁ、こんなところかな」「今日のところは、これにしておこうかな」と思えるところまで、しっくり、ぴったりくるものを探せたら、三つの言葉を書いてください。

「　　　　　　　　」
「　　　　　　　　」
「　　　　　　　　」

●「インプリシット・ベースト・ライティング」のワーク
——テーマ「これから十年、どう生きるか」の「インプリシット・ベースト・ライティング」の具体例

あるキャリアコンサルタントの方は、このワークに次のように取り組んだ。

①「これから十年、どう生きるか」と自分に問うて、思いをめぐらし、浮かんできた言葉をメモする。

- 「身体を整える」
- やりたいことを「見える化」する。
- 「自分」を体現する。「自分」を再構築する。

- まだ十分生きていない「私」を生きさせてあげる。
- その「私」を自分のなかだけで生きるのではなく、現実世界で、社会のなかで生きさせてあげる。
- こころが乱れないようになる。
- 自分への絶対的信頼を持つ。
- 悔いのない人生にする。
- 自分勝手、思い込み、固執はやめる。

②「これだけは大切にしたい」と思う「思い」「信念」「願い」「決意」「イメージ」などを三つ書く。

- 「悔いなく生きる」
- 「自分を信じて、自分で自分を応援し続ける」
- 「他者への感謝と思いやりを持つ」

③三つの言葉がしっくり、ぴったりくるかどうか、内側に響かせて確かめる。

④「少し違う」とか、「というよりも……」という違和感があるならば、その「違和感」に響かせ響かせ

し、「違和感」に導かれながら何度も書き直す。

⑤ 十分にやれたら、「これから十年を生きるうえでの三つのキーワード」を書く。

- 「私は私の道を歩いているか、と、自分に問い続ける」
- 「自分をあたたかく抱きしめ、自分に大丈夫だよと言う」
- 「自分から人とつながる」

●テーマ「自分が今の仕事をしている背景にある想い」の「インプリシット・ベースト・ライティング」の具体例

もう一つ、別のテーマについて「インプリシット・ベースト・ライティング」のワークをしてみよう。自分が今の仕事、カウンセラーや、コーチや、キャリアコンサルタントをしている〝その背景にある想い〟に思いをめぐらし、それを言葉にするワークである。

あなたは、自分のこころの奥の、どんな想い、どんな願いを実現したくて、カウンセラーやコーチ、キャリアコンサルタントをしているのだろうか。次の手順でおこなっていく。

①「自分が今の仕事、カウンセラーや、コーチや、キャリアコンサルトタントをしている〝その背景にある想い〟は何だろう。どんな想いを抱いて、日々仕事をしているんだろう」――そう自分に問うて、ボーッと思いをめぐらせてください。（五〜十分）
②ぴったりくる文章を書いてください。
③それが、しっくり、ぴったりくるかどうか、内側の感じに響かせて確かめてください。
④「少し違う」とか、「というよりも……」という違和感があるならば、その「違和感」に導かれるようにして、書き直してください。
⑤「十分にやれたな」「今日のところはこれにしておこうかな」と思えるところまでやれたら、それを書いてください。

あるキャリアコンサルトタントは、次のような文書を書いた。

私が、キャリアコンサルトタントとか、カウンセラーとかの仕事をしている「その背景にある深いところの想い」は何だろう。その仕事で実現しようとしている私の「魂の願い」は何だろう……。そう自分の内側に問うてみると、次のような言葉が浮かんできた。

その問いと共にいると、ふわりと浮かんでくる、あの感覚。あぁ、そうだ……。私は触れたいんだ。人のこころの奥底から溢れてくるもの。目に見えない何か。空気感、波動に。

海の底に生息している生き物が、吐き出す息の気泡のように湧き上がってくるもの。春風に乗ってやってくる花の香のようなもの。ときには、冬の軒下の氷柱のように、痺れるほど冷たくて痛くて、でも、静かに溶けていくもの。ときには、燃え盛る炎のように熱くて、怖くて、誰も近づけさせないようにしているもの。どんなものでも、それがこころの深いところで、ただただ純粋に存在しているなら、私はそれに会いたいのだ。こんなに美しいものはないから。本当に美しいから。

■ TAE (Thinking At the Edge)

文章を書くことで、自分の考えを深めていく。研ぎ澄ませていく。これをより本格的におこなうのが、ジェンドリンと妻であったメアリー・ヘンドリクスがつくったTAE（Thinking At the Edge）である。TAEは、私たちがさまざまなことを経験するときに感じる「大切なことがここにあって、それを自分は知っている、わかっているんだけど、うまく言葉にできない、どう言ったらいいかわからない」とき、その暗黙知を「言葉にする」方法である。私たちが内側で抱いている暗黙知を明らかにしていく方法である。英語圏ではTAE（Thinking At the Edge）、「エッジ（辺縁）で思考する」と呼ばれているが、ドイツ語圏ではWo noch Worte fehlen「いまだ言葉の欠けるところ」という名称である。こちらのほうが、ダイレクトに中身が伝わりやすいかもしれない。

TAEは、次の三つのパートと十四のステップからなる。

●パートI　フェルトセンスから語る

①フェルトセンスに出てきてもらう。
②フェルトセンスのなかに論理以上のものを見つける。
③通常の語義を言いたいのではないことに気づく。
④これらの語にあなたが言わせたかったことを表現する文、あるいは新鮮な語句を書く。
⑤あなたが各語に言わせたかったことを、言語学的には普通ではない新しい語句を書くことによって、再度拡張する。

●パートII　側面（具体例）から型（パターン）を見つける

⑥側面（具体例）を集める。
⑦各側面（具体例）が詳細な構造を与えるようにする。
⑧各側面（具体例）を交差させる。
⑨自由に書く。

●パートIII　理論形成

⑩三つの用語を選び、それを連結する。

⑪各用語の間の本来的な関係を問う。
⑫最終的な用語を選び、それらを相互に関係づける。
⑬あなたの理論をあなたの分野の外に適用する。
⑭あなたの理論をその分野で拡張し、応用する。

TAEはもともと、ジェンドリンがシカゴ大学大学院での「理論構築」の授業で用いていた方法を、二〇〇四年に妻のヘンドリクスと共にステップ化したものである。TAEにおいて、フェルトセンスは「インプリシット・アンダースタンディング（implicit understanding：IU）」とも呼ばれている（Gendlin, 2009）。私たちはある問いについて、身体感覚的にはぼんやりとは把握できているけれども、明確な言葉や論理によってはまだ語ることができないことがしばしばある。この「身体感覚レベルでの、暗黙の理解」のことを、ジェンドリンは「インプリシット・アンダースタンディング」と呼ぶのである。

TAEは、この身体感覚レベルの暗黙の理解（IU）をもとに、上述のようなステップによる手続きを踏んでいくことで、言語化・理論化していく手続きである（末武・得丸、2012）。その背景にあるのは、個人の理論は「普遍的なものが今ここで具体化した一つの実例である」という考えであり、ジェンリンのIOFI（instance of itself）原理である。IOFIとは、いかなるものも「それ自体（普遍性）の一つの実例」である、という考えである。

●交差のワーク

ここではTAEの一部である「交差」のワークをしてみよう。

(例)「これから十年、どう生きるか」について、先ほど出てきた三つの言葉から、特に重要だと思われる二つの言葉を選ぶ。

例：A「いつ死んでも悔いがないように生きる」

B「大切な人との交流に時間を使う」

①AからBを見る

Aの視点からBを見てみましょう。何が見えるでしょうか。思い浮かんだことを書きましょう。

例：「大切な人との交流こそ、しておかないと悔いが残る」

②BからAを見る

Bの視点からAを見てみましょう。何が見えるでしょうか。思い浮かんだことを書きましょう。

例：「あまり大切でない人とだらだら交流していたら、自分のすべき仕事ができなくなる。使命・天命が果たせなくなる」

③左手にA、右手にBを乗せて眺める

「この二つはつながっている」と思って眺め、浮かんできたものを書きましょう。

例：「大切な人と深く、深く、交流する。それをエネルギーとして、使命・天命にいのちを注ぐ」

■「対話する自己（Dialogical Self）」のワーク

ハーマン（Herman, H. J. M.）らは、「自己は単一で統一された実体ではない。相互に対話する複数の〈I〈アイ〉ポジション〉で構成されているこころのなかに存在する社会である」（ハーマン・ケンペン／溝上ら訳，2006）と考えた。これを書いて体験するワークをしよう。

●転職すべきかどうかのワーク

①今日、取り組みたいテーマを書きます。

例：「今、四十八歳。今の仕事をやめて転職すべきか。今の仕事を続けるべきか」

②そのことについてどんな〈I〈アイ〉ポジション〉（こころのなかの私）があるか、思いつくものを挙げてみましょう。

例：「もう限界、と思っている私の声」「まだまだできる、と思っている私の声」「世間の声」「家族の声」「大学生のときの自分の声」「死ぬ前の日の私の声」「自分のなかの未知の可能性の声」「運命の導きの声」「すべてを可能にする人生の魔術師の声」

③それぞれの（I〈アイ〉ポジション）が、どんな言葉を発しているか書いてみましょう。

例：

- 「もう限界、と思っている私の声↓　もういいよ。楽になっていいよ。もう十分頑張ったよ」
- 「まだまだできると思っている私の声↓　お前はそんなものではないはず。まだまだ余力はある」
- 「財布の声↓　お金はね、なくなり始めたら早いよー」
- 「世間の声↓　あの人きっと何か問題起こしたに違いないわ。あんないい会社を辞めるなんて……」
- 「家族の声↓　生活、大丈夫かしら。子どもが三人もいて、三人とも大学行きたいって、言ってるのに……」
- 「大学生のときの自分の声↓　こんなはずじゃなかった。もっとしっかり会社のこと、調べとけばよかった。後悔……」
- 「死ぬ前の日の私の声↓　……自分に正直に生きなさい。たった一回の人生なんだから。自分に正直に生きなさい」
- 「自分のなかの未知の可能性の声↓　……今から何かの大学院に行くといい。海外に行ってもいい。あなたには、あなたの知らないパワーがあるんですよ……」

•「運命の導きの声↓　……私は、あなたの運命です。あなたには、この人生でやるべきこと、果すべき使命があるんです。それは……」

•「すべてを可能にする人生の魔術師の声↓　今、何も考えられないなら、考えなくていい。きっと二週間以内に奇跡が起きるでしょう。奇跡が起きると、あなたは……」

あなたも、「今、取り組みたいテーマ」を一つ設定して（例「これから十年どう生きるか」「どのようにして人間関係を豊かにするか」）、そのテーマについて自分のなかのさまざまな（I〈アイ〉ポジション）が、どんな言葉を発しているか、思いめぐらして、セリフを書いてみましょう。

「　　　の声↓　　　」

「　　　の声↓　　　」

「　　　の声↓　　　」

「　　　の声↓　　　」

「　　　の声↓　　　」

「　　　の声↓　　　」

④今書いた、それぞれの（I〈アイ〉ポジション）の声の言葉を、実際に声を出しながら何度も何度も読んでみましょう。

⑤もし、代わりに読んでくれる人がそばにいたら、代わりに何度も読んでもらいましょう。あなたは目を閉じてそれを聞きます。そしてそれぞれの言葉に、自分の内側でどんな反応が生まれるか、確かめましょう。

⑥それぞれの（I〈アイ〉ポジション）の声を、実際に声に出して言いながら、五分くらい、一人ロールプレイをおこなってみましょう。たとえば、「七つのロール」を立てて、一人でその間を行ったり来たりしながら「一人ロールプレイ」をおこないます。椅子が七つあったら、それぞれの椅子を「七つの空の椅子」と想定して、そこにA、B、C、D、E、F、Gの「声」があると考えて、それぞれの椅子の間を行ったり来たりしながら一人でロールプレイを展開していくのです。

例：A「もう限界な自分」のロール：「もういいよ。楽になっていいよ。もう十分頑張ったよ」
B「根性ある自分」のロール：「お前はそんなものではないはず。まだまだ余力はある」
C「財布」のロール：「お金はね、なくなり始めたら早いよー」
D「世間のロール」：「あの人、きっと何か、問題起こしたに違いないわ。あんないい会社、辞めるなんて……」

E「家族」のロール：「生活、大丈夫かしら。子どもが三人もいて、三人とも大学行きたいって、言ってるのに……」

F「大学生の頃の自分」のロール：「こんなはずじゃなかった。もっとしっかり会社のこと、調べとけばよかった。後悔……」

G「死ぬ前の日の自分」のロール：「自分に正直に生きなさい。たった一回の人生なんだから。自分に正直に生きなさい」

こんなふうに、AからGまでの「声」を、いくつかの椅子の間を行ったり来たりしながら、実際に大きな声を出しながら演じるのです。気持ちを込めて、それぞれの声に「なりきって」やってください！　あなたは今一人です。恥ずかしがらず、思い切ってやってください。

そこにはなかった新たな立場、新たな声が浮かんできたり、想定外のことが思いついたら、それも（それこそを）やってください。想定外のことこそ、一番大切なことに気づかせてくれます。「やりきった感じ」がするまで続けてください。多くの場合、やりきった感、やりぬいた感があるときに、ふと「答え」は運ばれてくるものです。

⑦やりきった感じになったら、そこでひとまずワークを終えて、気づいたことをメモしておきましょう。

今日のワークで気づいたこと

「」

■プロセスワークのインナーワーク

次に紹介するのは、プロセスワークのインナーワーク（一人でもできる内的な自己探究のワーク）である。プロセスワークのインナーワークの成否を握っているのは、「立脚点の変更」である。立ち位置を変更して、自分以外の何かに「なりきること」「変身すること」が重要である。主語を「私は○○です」と変えて、すっかりそれそのものに「なりきる」ことが大きなポイントである。「なりきる」ことができるかどうかが、インナーワーク（自己探究のワーク）の成否を握っている。

●「なりたい人になる」ワーク

一つ目に紹介するのは、「なりたい人になる」ワークである。

「私も○○さんのようになりたい」

「私も本当は○○さんのようになりたいけど、なれない」

こういった発言は、カウンセリングでもコーチングでも、キャリアコンサルティングでもよくある。こうした場合、カウンセラーが「そうですか。〇〇さんのようになりたいけど、なれないんですね」と「いわゆる伝え返し」で返してしまうと、クライアントの意識は「〇〇さんのようになりたいけど、なれない自分」に固定されてしまう。「変われない自分」に固定されてしまう。逆に、「なれますよ、あなたにも、絶対」などと、ポジティブシンキング的に返されると、クライアントの内側では「でもやっぱり、なれない。私には無理……」といった反発や抵抗ばかりが強くなってしまう。

EAMAでは、今その瞬間に「〇〇さんのようになりたい……」と、クライアントの意識のなかにフワフワと浮上してきているものを見つけたら、それをピックアップする。その「浮上してきているもの」に「なりきる」。そうすることでその流れにカウンセラーとクライアント、二人共々に「浸る」「入り込む」。これを応用したワークである。

●インナーワーク「なりたい人になる」

①「ほんとうは、〇〇さんのようになりたいけど、自分はなれない」と思う人を思い浮かべる
　「性格が自分よりもはるかによい人」でもいいし、「仕事が自分よりもはるかにできる人」でもかまわない。

②その人のことをぼーっと思い浮かべて、そのエッセンスをつかむ

（例）「あたたかい土のような人」「龍のような勢いを持った人」「水の流れのような人」「炎のような人」「チーズのような人」等……。

③それに「なってみる」。変身して「なりきってみる」

たとえば、「あたたかい土」であれば「あたたかい土」に、「龍のような勢いを持った人」であれば「龍」に、「水の流れのような人」であれば「水」に、「炎のような人」であれば「炎」に、「チーズのような人」であれば「チーズ」に、「なりきって」変身する。「私は土です」「私は龍です」「私は炎です」「私はチーズです」と言って、それになりきり「変身する」。それになりきって「演じてみる」。したくなったことをして、言いたくなったことを言う。踊ったり歌ったりしてみてもいいだろう。

④そこで体験したエッセンスを、生活のなかでどう活かすかを考える

「私には無理です。だって、あの人は私と全然違いますから」と思うかもしれない。しかし、ある人について、「あの人にほんとうはなれたらいいのに」と何度も思い浮かべることがある場合、そうした部分をその人自身が実はすでに持っている。自分の一部ではあるが、まだ生きていないだけなのである。ぜひ体験してみてほしい。

実際のカウンセリング、コーチング、キャリアコンサルティングでも、「ほんとうは、○○さんのように

なりたいんです。でも……」という発言があったら、「その方はどんな方ですか?」「ものでいうと?」「イメージで言うと?」「動物や植物で言うと?」などとたずねてみる。それに変身して、「なってみる」ことを提案する。カウンセラー、コーチ、キャリアコンサルタントといっしょに、二人で変身して「なってみる」のもいい。

逆に「理由はよくわからないんですが、ある人のことをどうも好きになれないんです」ということがあったら、同様に、その人が体現している「何か」「エッセンス」に「なってみる」といい。その「妙に嫌いな人」は、あなた自身の一部、あなた自身の影だからだ。きっと何か、大切なことを教えてくれるに違いない。

●「これから歩む人生の道」を探究するワーク（方向性のワーク）

次に紹介するのも、プロセスワークのインナーワークである。「パス・アウェアネスのワーク」「方向性のワーク」「人生の道のワーク」と私は呼んでいる。カウンセリングでも、コーチングでも、キャリアコンサルティングでも、クライアントが「私はこれからどう生きていけばいいか、どんな方向に向かって生きていったらいいのか、わからないんです……」と言うことは少なくない。そんなときにおこなうとよいワークである。

私たちが「これでよいのだ」「今の生き方でよいのだ」と深いところで確信を持つことができるとき、自分自身の深いところに、「自分がどこに向かうべきか」「この世界のどこに誘われているのか」確かな感覚が存在している。この、深い次元で流れている、自分の人生の大きな方向性（＝「人生の道」の感覚、パス・アウェアネス）に触れて、確かな感覚を味わい、確かめながら一歩一歩進んでいくと、自分が幸福になるために何がほんとうに必要で、何が不必要なものなのかわかってくる。

ミンデルは、センシェント（sentient）と呼ばれる微細な感覚を重要視している。このようなセンシェントな感覚のなかで、もっとも重要なものの一つが「方向性の感覚」（パス・アウェアネス）である。それは、合理的には説明できないけれども、たしかに存在する、微細な感覚のことである。キャリア選択で迷っているとき、私たちは実はこの「方向性の感覚」「道の自覚（パス・アウェアネス）」に従って、こちらに進むほうがいいか、あちらがいいか、どちらに進むかを選び、決めていることが少なくない。しかし、そのことにていねいに意識を向けている人はほとんど存在していない。

「これからどう生きていけばいいか」迷っている、「どちらの方向に進めばいいか」迷っている、というクライアントにこのワークを勧めるといい。

●インナーワーク「人生の道」を探究する

次に紹介するのは、「私はどこに向かっていくべきですか。どの方向に誘われているのですか」と自分自身のタオ（人生の道）に問い、「誘われている感じがする方向」、その感覚をていねいに感じ取りながら、その方向へゆっくりと歩いていくワークである。

①　目をつむって，身体の感覚に意識を向ける
　身体のどの部分に自分の中心があるかを確認する。自分の身体の中の深い部分に意識を向ける。

②　自分の向かう方向をたずねる
　天に向かって「私はどこに向かっていくべきですか。どの方向に誘われているのでしょうか」と，こころを込めて問う。

③　左足を軸にして，三～四回，後ろ回りに回る
　最初は速く，徐々にスピードを落としていく。

④　身体の中心部分に意識を定めたまま，「自分が誘われている感じがする方向」を見つける
　自分の体の深い部分が「どこに向かって行きたがっているか」「どの方向から呼ばれ，誘われている感じがするか」ていねいに確かめる。「ああ，この方向だ」とぴったりくる方向が見つかるまで，ゆっくりと体を動かす。手探りしながら，何度も確かめ確かめしながら，探してみる。

⑤　ピタッとくる方向へ小さく歩く
　「あぁ，この方向だ！」とピタッとくる方向がわかったら，その方向に五，六歩，小さく，ゆっく

りと歩いてみる。どんな場面、どんな景色、どんな音が浮かんでくるだろうか。何が見えて、何が聞こえるだろうか。

⑥「そこに呼ばれている感覚」を味わいながら歩く

五歩くらいゆっくり歩くと、「ああ、ここだ！」「私はここに来るために、呼ばれていたのだ！」と感じられる「たどり着くべき場所」にたどり着くことができるはずである。そのように想定して、歩く。五歩目でたどりつく場所が「今のあなたがたどり着くべき、運命の場所」である。そのつもりで、「そこに呼ばれている感覚」を味わいながら、ゆっくり歩いていく。

⑦「たどり着いた場所」のエッセンスを感じ取る

「ああ、ここだ！」「私は、ここに来るために呼ばれていたのだ！」と感じられる場所にたどり着くことができたら、止まる。そこが「今のあなたがたどり着くべき、運命の場所」である。「たどり着いた場所」はどんな場所だろうか。何があり、何が見えて、何が聞こえるだろうか。その場所をしばらく感じてみる。その場所のエッセンスは、どんな言葉で表現できるだろうか。その場所のエッセンスを、しばらく感じ取ってみる。自分に問う。「私は、何をするためにここに呼ばれてきたのだろうか」。

⑧「空の椅子」の後ろに立つ

「運命の場所にたどりついたあなた」「運命の場所にいるあなた」に「なって」、空の椅子の後ろに立つ。空の椅子には、「現実の自分」が座っていると想像してみる。「今の自分」を見るのである。「運命の場所にたどりついた自分」から見ると、「今の自分」はどんなふうに見えるだろうか。「運命の場所にたどり着いた自分」のエッセンスになりきって、そこから「現実の自分」に向かって、メッセージを送ってみる。「請富さん、こんにちは。私は、運命にたどりついたあなたです。あなたにお伝えしたいことがあります。それは……」と、数分間、現実の自分に語りかける。実際に何か、言葉に出して言ってみる。

⑨「現実の自分の立場」に戻って、メッセージを受け取る。何ができるかを考える

送られてきたメッセージをどんなふうに受け止めることができるか、そのメッセージをこれからの人生でどんなふうに大切にしていくことができるかを考える。

第10章　内側から革命

■「相互共鳴」することで生まれる自然発生的かつ同時的変容

自己探究カウンセリング、ＥＡＭＡは、一人ひとりがみずからの「人生という道のり」を歩んでいくプロセスを援助する。ＥＡＭＡのカウンセラー、コーチ、キャリアコンサルタントがみずからの「人生の道」を探究していくその「同行者」となる。その過程で、クライアントは、みずからの内側の深いところに触れながら、内面探索を深めていく。

個人の自己探究の過程、それに伴う変容のプロセスは、しかし、同じ時代を手探りするかのように生きている人々と「相互共鳴」することで、周囲の人々にも影響を与えずにいない。そのうねりが大きくなっていくに伴って、それは社会を変え、世界を変え、歴史を変えていく。そうした潜在力を秘めている。閉塞の原因となっている外部のシステムを改革することで、時代を、社会を変えていくのではない。

個々人が、自己の内面深部に降りていくに伴って、既存のパターンと内的な秩序とがそこで相互作用する。そこで生まれる、個人と既存の社会的パターンとの関係の変容が、まずは個人レベルで生じる。その個人レベルの変容が、周囲の人々へ、社会へ、世界へ、次の世代へと、相互共鳴的に広がっていく。そうした仕方で生まれる自然発生的な集合的変容である。

個人と社会の関係、個人と世界の関係が劇的に変容するのであるから、それはやはり「革命」である。しかしそれは、個々人の自己探究の深化に伴って、静かに、いつのまにかなされていく自然発生的な「革命」である。私はそれを「内側から革命」と呼んでいる。

その鍵は、まずは個々人の内部に鋳型としてはめこまれた社会的な「型」、パターンと、個人との関係が、人がみずからの生命体的な内臓感覚につながることで変容していくことにかかっている。それが、個人と社会との関係を質的に変えていく「第一のコンバージョン（転換点）」である。さらに、その個々人の自己探究が極限に達するに伴って、それは「第二のコンバージョン（転換点）」を迎えることになる。

■既存の思考パターンの外に出ること——「社会内的存在様式」からの離脱

第3章で、私は「自己探究カウンセリング」の原理について述べた。

自然に生きていては、私たちは、生来の欲求である承認欲求と自尊欲求にからめ取られてしまう。「他者や世間の目に映る自分」を気にかけ、それを基準に生きるようになる。そしてある日、（かつての私のように）「私には中身がない。空《から》っぽ…」「私の人生薄っぺら。ペラッペラ…」と気づいて愕然とする。人が人間として生きるには、自然な人生の流れからいったん降り、完全に離脱して、〈徹底的な自己改造の作業〉に取り組まなくてはならない。〈承認と自尊からの解脱訓練〉に続いて、自分で選び取った考えに向かって、自身の全存在を改めて秩序づけし直し、方向づけし直していく〈徹底的な自己改造の作業〉――イマニュエル・カントが〈心術の革命〉と呼んだ百八十度の転換にも似た――をみずからに施さなくてはならない。これを欠いては、「内容空疎な人生」と真に訣別することは困難である。

また、私たちの多くは、自分の所属している文化における既知の「思考パターン（型）」を身に着け、それに馴染み、その外に出ることができなくなっている。そのため、自分で考えているつもりでいても、既知の思考パターンが作動している自動機械となったかのように、パターン化された思考を反復するに終始してしまう。既知の思考パターンの内部でぐるぐると動き続ける「自動機械と化している」のである。

ここから抜け出るためには、①人生からいったん降りて離脱し〈徹底的な自己改造の作業〉、とりわけ〈承認と自尊からの解脱訓練〉をみずからに施すことで承認欲求や自尊欲求を減じなくてはならない。そして②「たとえ我が身が滅び人類が滅ぼうと、正しさは実現されなくてはならない」とするカント的な徹底性をもって、新たに見出した理念によって自らの全存在を改めて秩序づけ直し方向づけし直さんとする不退転の決意が求められる。またその際③〈一時的な自己退却↓深い体験的内省〉の時間を持つことが大きな意味を持つ。一時的な自己退却において、社会とのつながり、世間とのつながりをいったん遮断しなくては、承認欲求・自尊欲求から解放されることは難しい。承認欲求・自尊欲求の楔《くさび》を断ち切らなくては、私たちは社会の差し出す思考パターンの自動反復マシーンとなり、ただぐるぐると自動機械のように作動し続けるだけだ。

社会の内部にあって、そこでの定型的な思考を自動機械のように反復している人は、そのことについての自覚、アウェアネスを持てない。内部にはめ込まれているので（社会内的存在様式）、その「外」があること、今とは異なる「思考のポジション（立ち位置）」がありうることを想像できない。自動機械化している自らの姿を対象化し、可視化することができない。アウェアネスを欠いたまま、ただ自動機械のようにぐるぐると定型的な思考を反復するほかない。それはまるで、アニメ映画『鬼滅の刃』の無限列車の乗客たちが、自分が「夢」を見ていることに気づかないまま、ただまどろむほかないのと同様だ。

ではどうすればいいか。一つの鍵（とりわけ、先の③の鍵）は、ロジャーズの言う「内臓感覚」との接触にある。ここでカウンセラーやコーチ、キャリアコンサルタントによるサポートが大きな意味を持つ。カウンセラーやコーチ、キャリアコンサルタントから「深く聴いてもらえる体験」をすることで、人は自己の深部の内臓感覚とダイレクトにつながる。そして次第に、そこを「思考の場所」として、ものを考えるようになる。そうなってはじめて、「自動反復マシーン状態」とは異なる様式で、ものを考えている自分に気づく。初めて、真の意味で「自分でものを考える」こと、「自分の言葉でものを考える」ことができるようになっている自分、これまでの定型的な思考パターンの反復とは明らかに異なる仕方、異なる様式でものを考えるようになっている自分に気づくのだ。

こうして人は、それまでとは異なる「思考のポジション」がありうることに目覚める。アウェアネスを得て、自動反復状態以外の仕方で、ものを考えうることに気づく。

自己の深部の内臓感覚とダイレクトにつながることで、人は〈社会内的なあり方〉から「離脱」していく（〈社会内的存在様式〉からの離脱）。定型的な思考パターンでしかものを考えられなくなっている自分からの離脱である。認知的なレベルで、自動反射的に言葉を発しながら思考するのをやめる。

同時に人はゆっくりと、自分の内側深くに入っていく。「からだの内側での実感」（いわば「内身体的実感」）に即して言葉を探すようになっていく。「あー、あの……何て言ったらいいか……」「うーん……」。このようにして「からだの内側での実感」から絞り出すように言葉を発していく。「そこに何か、大切なことがあることはわかっているけれど、まだ言葉にならない何か」、その「何か」、言葉にならない暗黙知に触れながら、それを何とか言葉にしようとしていく。

この「まだ言葉にならないけれども、そこに何か大切なことがあることはわかっている、という暗黙知」は、「内蔵感覚知」として一人ひとりの内側に与えられている。自分自身の言葉を取り戻すとき、人はそのようにして自分の内臓感覚から言葉を発し、ものを考えるようになるのだ。

このことをロジャーズは、「五感と内臓感覚での体験（sensory and visceral experiences）」という独特の言葉で表現した。「内臓感覚」という言葉は、現代人が自分の新たなよりどころを探すための、大切な手がかりとなるキーワードの一つになりうると私は思う。

■内臓感覚的存在様式

より自分らしい自分であることを模索して生きるとき、人は、「社会内の定型的な思考パターン」に従ってものを考えるのをやめるようになる。その代わりに、みずからの「内臓感覚」に従ってものを考え、判断し選択して、生きるようになるのである（〈内臓感覚的存在様式〉）。

みずからの「内臓感覚（内側での実感）」に響かせて言葉を選び、ものを考え、これからどうするかを選び取っていくようになる。それは、単に知性に従って生きるより、内臓感覚に従って生きるほうが、はるかに賢明に生きることができるからである。「内臓感覚」は貴重な情報をもたらす「知の源泉」の一つである。

「内臓感覚知」は豊かであり、また確固としていて、定かである。私たちが「頭だけでの思考」であれこれ考えていることがどこか間違えているとき、あるいは、人生の大事な岐路において何か誤った選択をしそうになっているとき、確かな「身体的違和感」「内臓感覚的違和感」がストップをかける。軌道修正を迫ってくる（「なんか、違う感じ」……）。そのときは、それが何であるのか、どのような理由でそうしてはならないのかよくわからないのだが、たしかに重要なことであるということはよくわかる（暗黙の知〈implicitly knowing〉）。しばらくの時間が経って後になってはじめて、それが何であったのか、わかるのだ。

内臓感覚に従って生きていくことは、人がより深く、より賢明に生きることを可能にする。「内臓感覚知」は、複雑な記憶や情報を含んでいるが、論理的思考だけよりも精緻で、的確な判断を可能にする。頭だけでの思考、論理的思考は、自分で考えたつもりでいても、いつの間にか社会の内部で共有されている定型的な思考パターンに絡み取られてしまう。思考は社会の内側に回収されてしまう。内臓感覚は、「定型的思考パターンの外に出る」ことを可能にしてくれるのである。

「内臓感覚」というロジャーズの概念は、最大の後継者の一人、ジェンドリンによって「フェルトセンス（felt sense）」概念としてより洗練されたかたちで引き継がれている。「内臓感覚知」は、「ジ・インプリシット（the implicit〈暗黙なるもの〉）」での思考、そこで言葉が止まり思考が止まる「アンクリアなエッジ（辺縁）」での思考である。人がみずからの内側で直接アクセスすることができる、暗黙の知恵を含んだ身体的実感、「フェルトセンス」＝「ジ・インプリシット」は、形式的な概念や論理的思考と相互作用することで、「パターンを超えた思考（thinking beyond pattern）」を可能にしていく。

ジェンドリンは、さまざまな学問、芸術、スポーツなどにおいて領域横断的に、何事か、すでに存在している定型的なパターンを超える真にクリエィティブな何かが生み出されるときには必ず、ロジャーズが「内臓感覚」と呼び、ジェンドリンが「フェルトセンス」＝「ジ・インプリシット」と呼ぶ身体知が活用されていることに着目した。ロジャーズが「内臓感覚」と呼び、ジェンドリンが「フェルトセンス」＝「ジ・インプリシット」と呼ぶこの「何か」こそ、私たちの用いるあらゆる概念や、論理的思考が立ち行かなくなり、そこで立ち止まる「思考の辺縁（エッジ）」であることに着目する。その身体知を活用した思考の訓練法を編み出し、TAE（Thinking At the Edge）と命名し、定式化している。

社会の内側に埋没して、既知の思考の定式に振り回されて自動機械のように生きるのをやめること、真に自分自身で「たしかな仕方でものを考え抜く」ことができるようになること、そのためには、この身体知、ロジャーズが「内臓感覚」と呼び、ジェンドリンが「フェルトセンス」＝「ジ・インプリシット」と呼ぶこの「何か」に、ダイレクト・アクセスすることが不可欠である。そして、私たちがもしそれに成功するならば、人類全体が一段と高い段階へと進化していきうることをジェンドリンの主著『プロセスモデル』は示している。

■第一の転換点（コンバージョン）——個人の内側での社会との関係の転換

こうして、個々人の内部に鋳型としてはめこまれた社会的な「型」、パターンと個人との関係は、人がみずからの生命体的な内臓感覚につながることで変容していく。これは言わば、個人レベルでの「個人と社会との関係の転換」であり「個人と世界との関係の転換」である。

こうした転換が、ひとり天才的な個人のみでなく、自己探究していく平凡な個人のなかでも起きうること、しかもロジャーズによって深く傾聴されているとそれが起きることをジェンドリンは多くの人々と共に目の当たりにした。このことに、ジェンドリンは驚愕した。ほんとうに深く耳を傾けてもらうならば、平凡な個人であっても、みずからの内側で「社会や世界との関係を転換する」ことができるのだ！

既存のパターンと内的な生の秩序とが相互作用することで生まれる、個人と社会の既存パターンとの新たな関係は、まずはこうして個人レベルで生じる。その個人レベルの変化が、やがて周囲の人々へ、社会へ、世界へ、次世代へと相互共鳴的に広がっていくことで、自然発生的な集合的変容が生じる。

これはまさしく革命である。何ものかを転覆させることによる革命ではなく、自己の深部の内臓感覚とつながることによる「社会的なパターンと、個人のうちなる内臓感覚的生命体的な暗黙の秩序（インプリシット・オーダー）との関係の転換」による革命である（第一の転換点、コンバージョン）。まさに、静かに進行していく「内側からの革命」である！

より具体的に言うならば、これは、私たち一人ひとりが「自分の内側と深くつながること」、そして「何かを求めつつ、内側に響かせ響かせしながら生きる」ことで可能になるものだ。内側の「未知の何か」「暗黙の側面」と、言葉、イメージ、動作などが激しく相互作用する。従来のパターンを突き破り、新たな型が生まれる。こうした内的な作業が、多くの人の間で相互に共鳴・共振するとき、新たな理論と実践、音楽とダンスが生まれる。新たな文化とは、おおよそこのようにして生まれるものであろう。

これを私は「内側から革命」と呼ぶ。それは何も大げさなものではない。私たち一人ひとりが自分の内側深くに意識を向ける、内側と深くつながる、そのことから始まるものだ。「内側と深く、つながる」ことで、私たちはパターン化されてない暗黙の未知なる側面（ジ・インプリシット）に直接触れることができる。固定化された文化、パターン、倫理のなかで生きることに安住せず、「ちょっと違う」（違和感）に意識を向け、大切にしていく。そこで、体験の暗黙の側面と既存の概念やイメージとが相互作用して、新たなパターンを生成させ、新しい文化の創造につながっていくのである。

一人ひとりが内側の、深いところにつながり、既存の概念やパターンと激しく相互作用させていると、「新たな何か」が生まれる。そこで生まれた「何か」が、多くの人の間で相互に共鳴・共振していけば、新しい文化が生み出されていく。それはやがて、世界を変えるムーブメントにつながっていく。

私は、そうしたことが可能になるような学びの場をつくっていきたい。そしてそれを「真実の共同体」と呼びたい。

一人ひとりが自我のはからいを捨て、沈黙し、真実の響くこだまとなって在ること。真実が自らを表現するその器官として在ること。それ以上の我欲を持たず、ただそれとしてのみ在ること。そうした在り方をした人々が相互に深く激しく濃密に共鳴し合うとき、そこに「真実の共同体」が現成するのである。

■第二の転換点（コンバージョン）の媒介項としての「中年期の危機」「人生の意味・使命への問い」

このようにしてなされていく個人の自己探究の道は、その極限点において、ついには第二の転換、コンバージョンを迎えることになる。

「私、中身、空《から》っぽ…」「私の人生、薄い…」。そうした現実に愕然とし、「このまま生きていってはならない…」と気づいて、自己の人生の道を探究していくならば、それはおのずと、「自分の人生に与えられた使命」を問うことにつながる。多くの人が四十代、五十代、六十代において向き合うことになる問い、「私は何のためにこの世に生まれて来たのか」「その意味は何なのか」「どのようにすれば、自分の人生を意味あるものとしてまっとうすることができるのか」。これらの問いと向き合い、「自分の人生に与えられた使命・天命」を探し求めるとき、その極点において、私たちは「第二の転換点」を迎える。

これらの問いを問うことで、人は、自分が本来「形なき世界」「見えない世界」から「形ある世界」「この見える世界」にやってきて、ほんの一瞬過ごしているにすぎないことを思い起こす。自分が「向こう側」からやってきてほんの一瞬「こちら側」でこの「肉体」をまとって生きている存在であること、そして間もなく再び、また「形なき世界」「見えない世界」「向こう側」に戻っていく存在であることを思い起こさせられる。

これは、私たち一人ひとりの人生の軸足を「こちら側」から「向こう側」に移し、「見える世界」から「見えない世界」へとシフトさせていく体験になる。人はみずからの使命・天命を問うことで、みずからの出自を思い起こし、「見えない何か」からの呼びかけに専ら応えていく本来の在り方へと回帰していくのである。

自己を究める、使命・天命に目覚める

自己探究カウンセリングにおける「一時的な自己退却を伴う深い体験的内省」において、人は自己を深

く見つめていく。自己探索していく。その自己探索の深まりにおいて自己を究めたとき、多くの人はおのずと、自分の人生に与えられた使命・天命に目覚める。「あぁ、私はこれをなすために生まれてきたのだ」「これが、限られたいのちにおいて、私に与えられた使命・天命だったのだ」。このとき、天と地と、自分自身の存在の中心との間に〈垂直の軸〉が立つ。

①―ⓐ　人生からいったん降りて離脱し〈徹底的な自己改造の作業〉、とりわけ〈承認と自尊からの解脱訓練〉をみずからに施すことで、また、それに続く①―ⓑ〈一時的な自己退却における体験的内省〉を深めていくことで、人は、承認欲求や自尊欲求、他者との比較などといった〈水平軸の囚われ〉から解放される。さらに②ひたすらに自己を深め、自己を究める。その極限点で使命・天命とつながる。すると〈垂直軸〉が確立する。意識的に確立するというのではない。おのずと成り立つのである。

私たちが毎日の生活のなかで、「見えない何か」からの呼びかけに我を忘れて応えていくとき、〈濃縮ないのちの流れ〉〈魂のうねり〉が生まれる。人生に大きな流れ（フロー）が立ち現れてくる。その流れのなかで、隠れていたミッションが顕在化してくる。自分の人生全体に与えられた「使命」「ミッション」がおのずと形をなし、顕在化してくる。

自己探究の道がその極限まで突き進められていったとき、こうして「あぁ、私は、このことをなすために生まれてきたのだ！」という、大きな気づきが生じる。そしてこのようにして、私たちが自分の人生の使命、魂に刻印されたミッションに目覚めるとき、人はさまざまな意味のある、偶然の（あとで振り返れば必然的かつ運命的な）出会いに開かれていく。その、必然かつ偶然の出会いが、あなたの隠れていたミッションが実現されていくストーリーを紡ぎだしていく。そこには、個人を超えた大きな人生の流れ（フロー）が存在している。さまざまな不可思議かつ有意味な共時的現象（シンクロニシティ）が生じてくる。人生の流れが変わり、次々と必要な人との出会いがもたらされて、使命・天命が実現するよう後押しされていく。

■世界のすべては、意味に満ち溢れている

自己探究の道を無心で歩むその極限において、私たちは「自分の人生に与えられた使命」に開かれていく。「自分が何のためにこの世に生まれてきたのか」「何のために、この見える世界に送られてきて、この肉体をまとって生きているのか」、そのことに思いを馳せていく。そして「まもなく、この肉体を脱ぎ捨てることにはどんな意味があるか」、一人ひとりが真剣に問わざるをえなくなっていく。

ここで、多くの人の間で自然発生的、同時進行的に、第二の転換点、第二のコンバージョンが生じる。自尊欲求や承認欲求といったこの世的な傾きから解放され、地上生活での楔から解き放たれて、使命・天命にひたすら打ち込むことを通して「見えないものからの呼びかけに日々全身全霊で応えていく生活」へと転換していく。それはそれまでの在り方からの一八〇度の転回、ひっくり返り、コンバージョンである。

自己探究の極限点において、人は、その思想信条にかかわりなく究極のリアリティに目覚めていく。自分を含めたすべてのものが一つの同じ「いのちのはたらき」そのものの顕現である、ということ。そのこ

とがありありと、またいとおしく実感されてくる。

いのちが「私」している。私が生きている、「私がいのちを持っている」のではない。生きているのは「いのちのはたらき」そのものであって、「いのちが、私している」。「いのちのはたらき」がまずあって、それがあちらでは「花」という形、こちらでは「草木」という形、あそこでは「鳥」という形をとっている。同じ「いのちのはたらき」が、今・ここでは「私」という形をとっている。この空も、あの海も、今、私の眼前にあるあの山も、むこうから聞こえてくる鳥の鳴き声も、野原でひっそりと咲いている花も、そしてもちろんこの私も、すべてはもともと一つである「いのちのはたらき」の異なった形なのである。

「いのちのはたらき」が、あるときは「私という形」をとり、またあるときは「花という形」をとる。私の肉体は死によって消えてしまうけれど、私を私たらしめている「いのちのはたらき」はもともとあり、またいつまでもある。不生不滅の「いのち」が、あるときは「私する」し、あるときは「花する」。またあるときは「鳥する」。次々と変転万化し、異なる形をとっていく。世界の万物は、「ひとつの同じいのちのはたらき」の現れであって、すべてつながっている。すべてはつながっており、もともと「ひとつの同じいのちのはたらき」の現れであることが実感されてくる。

すると、すべてのものが愛おしくなってくる。ただ無邪気にはしゃぐ、子どもの笑顔。朝、目覚めたときに聞こえる小鳥のさえずり。地平線に消えゆく夕日の美しさ。愛する人のやさしさと、まなざし。こんがり焼けた一枚のトーストと一杯のコーヒー……。あぁ、この世界は、ただこのままで、何と完璧なのか。そのことがありありと実感されてくる。世界は、ただこのままでこれほど美しく、味わい深いのだ。

こうした意識の変容、意識の覚醒が、多くの人々の間で自然発生的かつ同時発生的に広まっていく。共有されていく。すると、私たちの精神は、第二の転換点（コンバージョン）を迎える。

生死の問題も異なって見えてくる。私たちは、（生まれる前）どこから来て、（死んだ後）どこへ行くのか――。「どこからも来ないし、どこへも行かない」「私たちは最初からずっとここにいるし、いつまでもいる」「私を私たらしめている〝形なき、いのちのはたらき〟はもともとあり、またいつまでもある（不生不滅）。生まれることもなければ、死ぬこともない」。

「生きていても死んでいても同じ。変わらない」。生と死の境界は溶け始め、生とは、形なきいのちの流れのなかにほんの一瞬現れた儚き幻のようなものであることがありありと実感されてくる。

詭弁ではない。体験が深まり、立脚点のシフト（転換）を日常においても実感するようになれば、私たちはこのことを実感しながら日々を送るようになる。

マズローが「存在欲求」に動機づけられた在り方と言い、ウィルバーが（「ティール」を超えた）「ターコイズ」と呼ぶ宇宙中心的で全生命中心的な段階。「私」の核にあるものは、変化することも死ぬこともない静寂不動の目撃者（witness）であることを、今この瞬間に体験しつつ日々を送る。

シンプル・フィーリング・オブ・ビーイング。ただここにいる、というシンプルな感覚だけがある。すべてはそのままで、あるがままに完全である。

美しくてもいい。醜くてもいい。生きていてもいい。死んでいてもいい。善でもいい。悪でもいい。強くても、衰えていても、かまわない。この世界のすべてをただそのまま、あるがままで慈しみ愛することができる。世界そのもの、万物の存在そのものを肯定する〈絶対肯定の境位〉に、あなたは達することができる。それは不動の〈絶対幸福の境位〉でもある。あなたが常にすでにそれであり続けてきた「一なるもの」にあなたは解き放たれ、あなたが日々使命・天命をまっとうする喜びを満喫している。

人間が、その歴史のなかで果たすべき「第一のコンバージョン（転換）」を主たる課題として取り組むのが人間性心理学、「第二のコンバージョン（転換）」を主たる課題として取り組むのがトランスパーソナル心理学である。

「人間性／トランスパーソナル心理学」＝「自己探究／自己成長の心理学」は、本来ワンセットである。両者は一体となって、人類がその歴史において果たすべき「二つのコンバージョン（転換）」を転機とする「内側からの革命」への取り組みをみずからの課題とするのである。

私が「心理学で世界を変える」「心理学で世界が変わる」などと青臭いことを口にするのも、この二つの転換点（コンバージョン）を転機とする意識の集合的な変容・覚醒・向上が、多くの人々の間で同時発生的かつ自然発生的に起きることへの願いを抱いてのものである。そしてそれが起きた時、その変容、変化を各人はみずからの内側で直接体験し、確証しうるのである。

おわりに――あなたは何のスペシャリストになりたいのか
：成功や適応、健康を超えて、「魂の充足」を求めるのが人間の本性

本書で紹介した「自己探究カウンセリング（EAMA）」は、ロジャーズの「深い、ほんものの傾聴」をベースにした統合的アプローチである。

本書のタイトルに「カウンセラー、コーチ、キャリアコンサルタントのための」と付したのは、私の主宰している研究会（気づきと学びの心理学研究会 アウェアネス）に参加している何人かのカウンセラー、コーチ、キャリアコンサルタントから同じ言葉を聞いたからである。

「私は、ほんものを求めていろいろな研修に出てきました。そして、ようやく源流のようなものにたどり着くことができました。それがここでした」。そう言っていただいたのである。

そんな「ほんもの」志向のあなたに、最後にもう一度、問いたい。

「あなたが今、している仕事は、あなたがほんとうにしたかった仕事でしょうか。あなたは、今、ほんとうにしたかった仕事をできていますか」

コーチングやキャリアコンサルティングやカウンセラーをしている方は、それを志し始めたとき、ある「思い」を抱いていたはずである。

人が幸せになるお手伝いをしたい。しかも、「お金儲け」や「仕事の成功」にとどまらない、「ほんとうの幸せ」のお手伝いをしたい。その人自身が「真の自分自身になる」ことを通して、その人が幸せになるお手伝いをしたい。そんな気持ちがあったはずである。

あなたは今、そんな仕事ができているだろうか。

人が「真の自分自身になる」ことを通して、ほんとうの幸せを手に入れる。そのお手伝いをする。そんな仕事を、あなたは今、できているだろうか。毎日の「業務」に追われているうちに、いつの間にか、ほんとうにしたかったのとは違うことをしている自分に気づき始めているのではないだろうか。

こんなはずじゃ、なかった。こういうこと、するつもりじゃなかったのに。なんか違う……。

もしあなたが今、そう思われているのであれば、けっして遅くはない。あなたの「原点」に立ち返ろう。今のあなたの仕事に、ほんの少しの「エキス」を加えればよいのだ。何もすべてを変える必要はない。全部、最初から始める必要もない。人が「真の自分自身」になる、という「エキス」を加えるだけでいい。

それが「自己探究カウンセリング」「EAMA（体験－アウェアネス－意味生成アプローチ）」という「エキス」である。そうすれば、あなたの仕事は本来したかった仕事になっていくはずだ。

■あなたは何の専門家（スペシャリスト）になりたいのか
――「成功のスペシャリスト?」「職業選択のスペシャリスト?」「症状除去のスペシャリスト?」「問題解決のスペシャリスト?」「幸福のスペシャリスト?」「魂のスペシャリスト?」

ここで問うてほしいのは、「あなたはいったい、そもそも何になりたくて、何をしたくて、人のこころにかかわる今の仕事や活動をしているのか」ということである。

- あなたは「仕事の成功のスペシャリスト」になりたいのか。
- あなたは「職業選択のスペシャリスト」になりたいのか。
- あたなは「症状除去のスペシャリスト」になりたいのか。
- あなたは「問題解決のスペシャリスト」になりたいのか。
- あなたは「お金儲けのスペシャリスト」になりたいのか。
- あまたは「幸福のスペシャリスト」になりたいのか。
- あなたは「魂のスペシャリスト」になりたいのか。

私は、私の教え子からこう言われた。

「先生は、魂のスペシャリストですね……（中略）……私は、魂のスペシャリストにはなれません。私が目指しているのは……そうですね……幸福のスペシャリストです……」

どちらが上でどちらが下、というのでは、もちろんない。このように自問して、「自分は本来何をしたくて、何になりたくて、この分野の活動を始めたのか」、それを考えることに意味がある。

いま一つ問うべきものは、あなたは、寿司屋にたとえるならば、そこそこおいしいお寿司を確実に食べさせてもらえる「チェーン店の寿司屋」の店員になりたいのだろうか。つまり、他の人でも握れる、そこそこおいしい寿司を握れるようになりたいのだろうか。それとも、自分にしか握ることのできない寿司を握る、銀座の寿司屋の寿司職人になりたいのだろうか、という問いである。

つまりあなたは、誰もが「そこそこできる手順（マニュアル）」に従って、他の人と同じことが同じようにできるカウンセラーやコーチ、キャリアコンサルトタントになりたいのだろうか。それとも、「あなたにしかできないカウンセリングやコーチング、キャリアコンサルティング」をできる人になって、「この人でないと」とあなたを選んでくれた人を相手にする仕事をしたいのだろうか。このことを自問してほしい。それによって、どんな方向を目指すかが、まったく違ってくるからだ。

両者に優劣の差はない。きちんとトレーニングを積んで再現可能性、反復可能性の高い方法を使って、「他の人と同じことを、同じレベルで確実にこなせる」カウンセラー、コーチ、キャリアコンサルトは必要だ。安心感もある。

しかし、私自身に限って言えば、チェーン店の店員のようなカウンセラーになるのは、まっぴらごめんだ。そんなことのために人生をかけているわけではない。「諸富さんでないと」と私を選んで相談に来てくださる方を対象に、カウンセリングをしたい。私にしかできないカウンセリングをしたい。そして、魂のスペシャリストを目指したい。

何を目指しているかによって、学ぶべきこともかなり違ってくるだろう。

私が養成したいと思っているのは、「自分にしかできないカウンセリング」ができるカウンセラー、「自分にしかできないコーチング」ができるコーチ、「自分にしかできないキャリアコンサルティング」ができるキャリアコンサルタントである。そういう方は、ぜひ私といっしょに学んでほしい。

EAMA（体験－アウェアネス－意味生成アプローチ）、自己探究カウンセリングは、そうした方にとって唯一無二の最高の武器となるはずだ。それはあなたが「あなたにしかできないカウンセリング」ができるようになり、「あなたにしかなれないカウンセラー、コーチ、キャリアコンサルタント」になるための力を与えるものだ。

■「セカンドドリーム・カウンセリング」

自己探究カウンセリング、EAMAは、これからますます重要性を帯びてくる。「人生百年時代」と言われる。長くなった人生のなかで、若者ばかりでなく、多くの中高年が「私はこれからどう生きていけばよいか」「どうすれば、残りの人生を意味あるものとしてまっとうできるか」、わからず彷徨《さまよ》っている。人生の暗闇のなかで迷いのなかにある。不確かさのなかで、孤独にみずからの人生の道を探している。

どう生きていけばよいかわからず途方に暮れ、気力をなくし、軽うつになっている人も少なくない。現代を生きる大人の多くが、慢性的な軽いうつ状態になっている、とミンデルは言う。どう生きても変わらない。どう生きても大差ない、という感覚に現代社会は覆われている。

この慢性的な軽うつ、日々に意味や物語を感じることができない、という状態への対応は、「症状除去のカウンセリング」や「問題解決のカウンセリング」をいくら学んでもできるようにはならない。それは、「答えなき問い」だからだ。

私たちにできるのは、一人ひとりの人間が自分なりに生きる意味の物語を紡いでいく手助けをすることだけだ。「よりよい、人生という夢」を見て、「より十分に、自分の人生を生ききる」ことができるよう手助けをすることとだけだ。

五十代、六十代、七十代の人間こそ、「夢」を持つことが必要だ。「夢」「目標」「野心」「意味」「使命」「物語」、これらは、五十代以降の人間が人生後半を「生ききる」ためのキーワードである。人生、とりわけ五十代以降の人生には（私たちの研究会の折戸さんの言葉を借りれば）、「セカンドドリーム」を描くための援助が求められるのである。

五十代半ば以降の人の多くが、「どうせ歳だから」「もういい年だから……」を口癖に、人生を十分生ききることに抵抗を覚え始める。あきらめ始める。しかし彼らの内的な体験、彼らの内側は、その人自身に、もっと十分に注意を向けられることを欲している。もっと十分に体験されたがっている。にもかかわらず大切にされず，半ば内的なセルフネグレクトの状態にある。

ＥＡＭＡがベースとするロジャーズのアプローチの基本姿勢は，人が自分の内側のもっとも深いところを探究していく「内的なこころの旅の同行者」となることである。ロジャーズのクライアントは言う。

「暗闇に向かって歩いている感じがしています。……（中略）……でも誰か，同行者がそばにいてくれると，一人でいるのに比べて，とても楽になれるんです」　(Rogers & Russell, 2002)

多くの人が，「内的なこころの旅の同行者」を求めている。自己探究カウンセリング，ＥＡＭＡは，暗闇のなかを一人歩くかのようにして生きている人が「自分のこころのもっとも深いところ」を探究していく，人生という「旅」のお供をするものだ。

「内的なこころの旅の同行者」となる――これがＥＡＭＡの基本姿勢である。

ＥＡＭＡ，それは，人が自分の限られた人生を「生ききる」ことをお手伝いするものだ。

めちゃくちゃ楽しくて，エキサイティング！

生まれたばかりの新しいアプローチであるが，学んで決して損をすることはない。

ぜひいっしょに楽しく学んでいきましょう！

☆研修会のご案内

●EAMA（体験‐アウェアネス‐意味生成アプローチ）をはじめとした，本書で紹介した心理学の方法（ロジャーズ，フォーカシング，インタラクティブ・フォーカシング，プロセス指向心理学，フランクル心理学，人間性心理学，トランスパーソナル心理学など）は，次の研究会で体験的に学ぶことができます。年に七回，楽しくて，わかりやすく，人生とこころを豊かにする研修会をおこなっています。どなたでも参加可能です。また，二〇二四年四月から認定トレーニングコースも開始予定です。

私のホームページ（http://morotomi.net/）で，内容をご確認のうえ，お申し込みください。

気づきと学びの心理学研究会〈アウエアネス〉事務局
〒一〇一―〇〇六二
東京都千代田区神田駿河台一―一　明治大学14号館6階B611
「気づきと学びの心理学研究会事務局」
問い合わせ申し込み先　E-mail：awareness@morotomi.net

引用・参考文献

アレント・H／中山元訳（2007）「道徳哲学のいくつかの問題」『責任と判断』筑摩書房

エレンベルガー・H／木村敏・中井久夫監訳（1980）『無意識の発見——力動精神医学発達史　上・下』弘文堂

Frankl, V. E.（1939）Philosophie und Psychotherapie. Zur Grundlegung einer Existenzanalyse. *Schweizerische medizinische Wochenschrift*, Teil 2, 707–709.（諸富祥彦訳〈1992〉「哲学と心理療法——実存分析の基礎づけ」『教育と教育思想』第12集）

Farson, R.（1974）Carl Rogers: A Quiet Revolutionary. In:Education,95-2（畠瀬稔訳〈1980〉「静かな革命家　カール・ロジャーズ」畠瀬稔監修・金沢カウンセリングセンター訳『エヂュケーション』関西カウンセリングセンター、二一五–二二八頁）

Frankl, V. E.（1946a）*Ärztliche Seelsorge: Grundlagen der Logotherapie und Existenzanalyse*. Franz Deuticke.（霜山徳爾訳〈1957〉『死と愛——実存分析入門』みすず書房／山田邦男監訳、岡本哲雄・雨宮徹・今井信和訳〈2011〉『人間とは何か——実存的精神療法』春秋社）

Frankl, V. E.（1946b）...*trotzdem Ja zum Leben sagen*. Franz Deuticke.（山田邦男・松田美佳訳〈1993〉『それでも人生にイエスと言う』春秋社）

藤見幸雄・諸富祥彦編著（2001）『プロセス指向心理学入門——身体・心・世界をつなぐ実践的心理学』春秋社

Gendlin, E. T.（1974）Client-centered and experiential psychotherapy. In D. A. Wexler & L. N. Rice（Eds.）, *Innovations in client-centered therapy*. John Wiley & Sons, pp. 211–226.

Gendlin, E. T.（1984）The client's client: The edge of awareness. In R. L. Levant & J. M. Shlien（Eds.）, *Client-centered therapy and the person-centered approach*. Praeger, pp. 76–107.（久羽康・吉良安之訳〈2015〉クライアントのクライアント——意識の辺縁［https://focusing.org/sites/default/files/legacy/jp/clientsclient.pdf］

Gendlin, E. T.（1996）*Focusing oriented psychotherapy*. Guilford Press.（村瀬孝雄・池見陽・日笠摩子監訳〈1998–1999〉『フォーカシング指向心理療法　上・下』金剛出版）

Gendlin, E. T.（2009）What first and third person processes really are. *Journal of Consciousness Studies*, 16（10–12）, 332–362.

ハーマンス・H・J・M、ケンペン・H・J・G／溝上慎一・水間玲子・森岡正芳訳（2006）『対話的自己　デカルト／ジェームズ／ミードを超えて』新曜社

ヒルマン・J／鏡リュウジ訳（1998）『魂のコード——心のとびらをひらく』河出書房新社

Kirschenbaum, H. & Henderson, V. L.（eds.）（1990）*The Carl Rogers Dialogues*. London: Constable and Robinson.

Mearns, D.（1994）*Developing person-centered counseling*. Publications.（諸富祥彦監訳〈2000〉『パーソンセンタード・カウンセリングの実際——ロジャーズのアプローチの新たな展開』コスモス・ライブラリー）

ミンデル・A／藤見幸雄・青木聡訳（2001）『24時間の明晰夢——夢見と覚醒の心理学』春秋社

諸富祥彦（2005）『人生に意味はあるか』講談社現代新書

諸富祥彦（2010）『はじめてのカウンセリング入門（下）ほんものの傾聴を学ぶ』誠信書房

諸富祥彦（2012）『スピリチュアル・カウンセリング入門（上）（下）』誠信書房

諸富祥彦（2013）『魂のミッション』こう書房

諸富祥彦（2014）『新しいカウンセリングの技法』誠信書房

諸富祥彦（2021）『カール ロジャーズ　カウンセリングの原点』角川選書

諸富祥彦（2021）『フランクル心理学入門　改訂版』角川ソフィア文庫

諸富祥彦（2022）『カウンセリングの理論（上）（下）』誠信書房

諸富祥彦編著（2009）『フォーカシングの原点と臨床的展開』岩崎学術出版社

Rogers, C. R.（1951）*Client-centered therapy*. Boston: Houghton Mifflin.（保坂亨・諸富祥彦・末武康弘訳〈2005〉『クライアント中心療法　ロジャーズ主要著作集2』岩崎学術出版社）

Rogers, C. R.（1953）Some directions and end points in therapy. In O. H. Mower (ed.), *Psychotherapy: Theory and research*. The Ronald Press, pp. 44–68.（諸富祥彦・末武康弘・保坂亨訳〈2005〉「心理療法におけるいくつかの確かな方向性」『ロジャーズが語る自己実現の道　ロジャーズ主要著作集3』岩崎学術出版社）

Rogers, C. R.（1975）Empathic: an unappreciated way of being. *The Counseling Psychologist*, 5(2), 2–10.

Rogers, C. R.（1980）*A Way of being*. Houghton Mifflin.（畠瀬直子訳〈1984〉『人間尊重の心理学――わが人生と思想を語る』創元社）

Rogers, C. R. & Russell, D. E.（2002）*Carl Rogers: The quiet revolutionary*. Penmarin Books.（畠瀬直子訳〈2006〉『カール・ロジャーズ　静かなる革命』誠信書房）

Rogers, C. R. & Skinner, B. F.（1956）Some Issues Concerning the Control of Human Behavior: A symposium. In Kirschenbaum, H., & Henderson, V. L. (Eds.)（1990）*Carl Rogers: Dialogues: conversations with Martin Buber, Paul Tillich, B. F. Skinner, Gregory Bateson, Michael Polanyi, Rollo May, and others*. Constable.（村山正治訳〈1967〉「人間行動の統制に関する二、三の問題点――シンポジウム」『ロジャーズ全集第十二巻　人間論』岩崎学術出版社）

斎藤環（2019）「心理職にオープンダイアローグをすすめる」『臨床心理学』一九巻五号、五〇七－五一一頁

末武康弘・得丸さと子（智子）（2012）パーソンセンタード／フォーカシング指向セラピーでは何が生起するのか？――「セラピストTAE」による質的分析のパイロット研究『現代福祉研究』一二巻、一四一－一六三頁

東畑開人（2020）「平成のありふれた心理療法　社会論的転回序説」『臨床心理学』増刊第一二号　金剛出版

チューダー・K、メリー・T／小林孝雄・羽間京子・箕浦亜子訳（2008）『ロジャーズ辞典』金剛出版

著者紹介

諸富 祥彦（もろとみ よしひこ）

1963年　福岡に生まれる
1992年　筑波大学大学院博士課程修了
1993年　千葉大学教育学部専任講師，1995年同助教授
現　在　明治大学文学部教授（教育学博士），臨床心理士，公認心理師，日本カウンセリング学会認定スーパーヴァイザー
日本トランスパーソナル学会会長。日本カウンセリング学会認定カウンセリング心理士会理事。日本教育カウンセラー協会理事。気づきと学びの心理学研究会〈アウエアネス〉代表
http://morotomi.net/

著訳書　『カール・ロジャーズ入門』コスモス・ライブラリー 1997，『〈むなしさ〉の心理学』講談社現代新書 1997，『学校現場で使えるカウンセリング・テクニック（上・下）』誠信書房 1999，『トランスパーソナル心理学入門』講談社現代新書 1999，『生きていくことの意味』PHP 新書 2000，『孤独であるためのレッスン』NHK ブックス 2001，『人生に意味はあるか』講談社現代新書 2005，『カウンセリングと心理療法』〈ロジャーズ主要著作集１〉（共訳）岩崎学術出版社 2005，『クライアント中心療法』〈ロジャーズ主要著作集２〉（共訳）岩崎学術出版社 2005，『ロジャーズが語る自己実現の道』〈ロジャーズ主要著作集３〉（共訳）岩崎学術出版社 2005，『自己成長の心理学』コスモス・ライブラリー 2009，『生きづらい時代の幸福論』角川 one テーマ21 2009，『男の子の育て方』WAVE 出版 2009，『ジェンドリン哲学入門　フォーカシングの根底にあるもの』コスモス・ライブラリー 2009，『はじめてのカウンセリング入門（上）カウンセリングとは何か』誠信書房 2010，『はじめてのカウンセリング入門（下）ほんものの傾聴を学ぶ』誠信書房 2010，『カウンセラー，心理療法家のためのスピリチュアル・カウンセリング入門（上・下）』誠信書房 2012，『人生を半分あきらめて生きる』幻冬舎新書 2012，『100分 de 名著ブックス　フランクル』NHK 出版 2013，『魂のミッション』こう書房 2013，『あなたのその苦しみには意味がある』日経プレミアシリーズ 2013，『新しいカウンセリングの技法』誠信書房 2014，『悩みぬく意味』幻冬舎新書 2014，『フランクル』講談社選書 2016，『孤独の達人』PHP 新書 2019，『実践　職場で使えるカウンセリング』誠信書房 2020，『スキルアップ　保育園・幼稚園で使えるカウンセリング・テクニック』誠信書房 2020，『いい教師の条件』SB 新書 2020，『カール・ロジャーズ　カウンセリングの原点』角川選書 2021，『フランクル心理学入門　どんな時も人生には意味がある』角川ソフィア文庫 2021，『50代からは３年単位で生きなさい』KAWADE 夢新書 2021，『速解チャート付き　教師と SC のためのカウンセリング・テクニック』（全５巻）（編集代表）ぎょうせい 2022，『カウンセリングの理論（上）（下）』誠信書房 2022 など多数。

カウンセラー、コーチ、キャリアコンサルタントのための
自己探究《じこたんきゅう》カウンセリング入門《にゅうもん》
――EAMA（体験《たいけん》–アウェアネス–意味生成《いみせいせい》アプローチ）の
理論《りろん》と実際《じっさい》

2022年5月20日　第1刷発行
2023年3月30日　第2刷発行

著　者　諸　富　祥　彦
発行者　柴　田　敏　樹
印刷者　田　中　雅　博

発行所　株式会社　誠信書房
〒112-0012　東京都文京区大塚3-20-6
電話 03（3946）5666
http://www.seishinshobo.co.jp/

創栄図書印刷　協栄製本　　落丁・乱丁本はお取り替えいたします
検印省略　　無断で本書の一部または全部の複写・複製を禁じます

Printed in Japan
ISBN978-4-414-40380-0 C3011